A POLÍTICA DO SETOR ELÉTRICO NOS ANOS DOURADOS

CONSELHO EDITORIAL
Ana Paula Torres Megiani
Eunice Ostrensky
Haroldo Ceravolo Sereza
Joana Monteleone
Maria Luiza Ferreira de Oliveira
Ruy Braga

A POLÍTICA DO SETOR ELÉTRICO NOS ANOS DOURADOS

Embates entre paulistas e mineiros
no processo de expansão do setor de energia elétrica
no Brasil (1951-1961)

Marcelo Squinca da Silva

Copyright © 2018 Marcelo Squinca da Silva

Grafia atualizada segundo o Acordo Ortográfico da Língua Portuguesa de 1990, que entrou em vigor no Brasil em 2009.

Edição: Joana Monteleone
Editora assistente: Danielly Teles
Projeto gráfico, capa e diagramação: Dafne Ramos
Revisão: Juarez Antunes
Imagem da capa: Foto da represa *Mascarenha de Moraes*

Este livro foi publicado com apoio da Fapesp, nº do processo 2015/10516-0.

CIP-BRASIL. CATALOGAÇÃO NA PUBLICAÇÃO
SINDICATO NACIONAL DOS EDITORES DE LIVROS, RJ

S581q

Silva, Marcelo Squinca da
A política do setor elétrico nos anos dourados: embates entre paulistas e mineiros no processo de expansão do setor de energia elétrica no Brasil (1951-1961) Marcelo Squinca da Silva. - 1. ed.
São Paulo: Alameda
:il. ; 21 cm.
Inclui bibliografia

1. Energia elétrica - Brasil - História. 2. Política energética - Brasil. 3. Serviços de eletricidade - Brasil. 4. Energia elétrica - Aspectos econômicos - Brasil. I. Título.

16-36498   CDD: 333.79320981
                     CDU: 620.9(81)

ALAMEDA CASA EDITORIAL
Rua Treze de Maio, 353 – Bela Vista
CEP: 01327-000 – São Paulo, SP
Tel.: (11) 3012-2403
www.alamedaeditorial.com.br

Esse livro é dedicado a meu avô, José Aparecido da Silva (in memoriam) e as minhas avós, Iracema Queiroz da Silva e Genoveva Bárbara (in memoriam)

/.../toda ciência seria supérflua se a forma de manifestação (a aparência) e a essência das coisas coincidissem imediatamente.

Karl Marx

Com a Eletrobrás, a marcha da indústria adquiriu organicidade, quer dizer, a coisa passou a ser orgânica, com diretrizes estabelecidas.

Jesus Soares Pereira

Agradecimentos

Agradeço ao apoio do Programa de Pós-Graduação em História da Faculdade de Filosofia, Letras e Ciências Humanas da Universidade de São Paulo.

Não teria sido possível a realização dessa pesquisa sem a colaboração competente e atenciosa dos funcionários das instituições Fundação Energia e Saneamento, Memória CEMIG, Biblioteca AC-Minas, Centro da Memória da Eletricidade do Brasil (Eletrobrás), a Biblioteca da FEA USP, Biblioteca da Escola Politécnica da USP, Centro de Memória do Sistema FIEMG. A todos sou muito grato.

Agradeço muito especialmente ao apoio do meu valoroso assistente de pesquisa Sérgio Felix Pires.

Agradeço a amigos e familiares em geral pelo apoio e paciência nos momentos difíceis de realização desse trabalho.

Agradeço, principalmente, aos amigos Renato Oliveira Diniz, Télio Anisio Cravo, Carlos Alberto Gasparini e Luiz Eduardo Simões de Souza. Ao participarem como interlocutores no período em que se desenvolveu essa pesquisa colaboraram para que o presente trabalho se tornasse melhor.

Agradeço, muito carinhosamente, a Cristina Squinca da Silva e ao Professor João Raimundo Coutinho, pela excelência do trabalho de revisão dos originais.

Agradeço profundamente ao professor Gildo Magalhães dos Santos Filho por suas orientações, conselhos e apoio durante a realização dessa pesquisa.

Naturalmente que o encargo pelos equívocos casualmente presentes no conteúdo do texto deste trabalho é inteiramente meu.

Sumário

PREFÁCIO 13

INTRODUÇÃO 17

CAPÍTULO 1 - Percurso do setor elétrico brasileiro: das origens aos anos 1950 — 25

O Desenvolvimento Hipertardio, Imperialismo e Subordinação 26
A República Velha: monopolismo das concessionárias estrangeiras 30
Da Revolução de 1930 aos anos 1950: intervenção estatal e nacionalismo 33
O segundo Governo Vargas: crise de abastecimento e a proposta da Eletrobrás 38

CAPÍTULO 2 - Expansão do parque energético de Minas Gerais nos anos 1950 — 47

Panorama da economia mineira 47
Energia Elétrica e Industrialização 59

CAPÍTULO 3 - O setor elétrico paulista nos anos 1950: crise e intervenção estatal — 81

Industrialização e as concessionárias estrangeiras de energia elétrica 82
Intervenção do Estado 98

CONSIDERAÇÕES FINAIS 117

FONTES 123

SIGLAS 127

REFERÊNCIAS BIBLIOGRÁFICAS 131

Prefácio

Um pêndulo sem harmonia

A privatização iniciada na presidência de Fernando Henrique Cardoso atingiu setores básicos da infraestrutura brasileira. A mídia corroborava fortemente a imagem de burocracia estagnante e descaso das estatais com a população, ecoando os ataques da era Thatcher de neoliberalismo na Europa. Foi assim que, com os pretextos de eliminar ineficiências inerentes ao funcionamento estatal e garantir que a população pagasse menos por serviços, foram privatizados diversos serviços essenciais como os de telecomunicações, transportes e mineração, além de se intensificar a tendência privatizante na educação, saúde, previdência e segurança.

Com a energia elétrica, não foi diferente, apenas houve estados em que a diretriz federal foi imediata e obedientemente seguida e até ampliada, como em São Paulo, ao passo que outros estados foram mais cautelosos ou até refratários à ordem de privatização geral, como Minas Gerais. No entanto, foi neste setor da eletricidade que o modelo neoliberal de submeter tudo ao sabor do mercado conheceu o mais retumbante fracasso, com os apagões registrados em 2001 e que pesaram para que o PSDB fosse destronado após seu segundo mandato presidencial.

O pêndulo da energia elétrica no Brasil tem se movido entre os extremos de privatização e estatização num período variável de alguns decênios. De maneira associada há outro movimento, observável durante as fases de privatização, que é o da maior ou menor participação nacional em face da estrangeira. Nos primórdios dessa história, no início do século XX, o capital estrangeiro foi continuadamente implantando instalações, ou se apropriando de usinas e redes de transmissão e distribuição existentes, ao mesmo tempo que a eletrificação se ampliava para o oeste do território brasileiro, levando os benefícios modernizadores da iluminação e dos aparelhos elétricos, e fornecendo meios para a crescente industrialização do país. Essa foi a época do apogeu dos grupos *Light* e *Amforp*, que declinaram quando em meados do século passado se queixaram de ter suas remessas de lucros ao exterior controladas pelo governo, seguindo-se o desinteresse em manter o ritmo de novos investimentos e a progressiva deterioração dos serviços existentes.

A acusação de ineficiência endossada pelo clamor público se voltava nessa época contra as empresas privadas. Naquele momento os apagões decorrentes da má qualidade e a necessidade de intensificar a industrialização levaram os governos federal e estaduais a criar suas próprias empresas de geração e transmissão elétrica, acabando por desapropriar as grandes empresas de capital estrangeiro, que foram transformadas em estatais. O país passou a conviver com empresas públicas e uma certa parcela de empresas privadas de capital nacional, mas todas sob o controle de um sistema centralizado de organização e operação das cargas elétricas, o que garantia uma rede integrada e tarifas gerenciadas de forma a remunerar o custo histórico dos investimentos feitos.

O que temos atualmente após as privatizações iniciadas em 1997 é um sistema em que a energia elétrica passou a ser simples mercadoria e o seu preço é desvinculado do custo histórico, refletindo as especulações das bolsas sobre seus valores futuros. Para agravar o quadro, optou-se por gerar eletricidade a partir de fontes mais caras e, no caso das térmicas de combustível fóssil, poluentes, refreando-se a expansão e a potência instalada de hidroeletricidade. O resultado é visível na dificuldade de se oferecer um quadro estruturante de planejamento econômico a partir de um insumo imprescindível para o crescimento. Por conseguinte, o Brasil amarga uma posição inferior no consumo *per capita* de eletricidade, tímido até mesmo no bojo da América Latina, e com um dos maiores custos do mundo. Progressivamente, grupos de capital nacional ou estatal vêm cedendo sua participação para grupos estrangeiros e hoje uma série grande de usinas elétricas de diversos portes, desde pequenas centrais até as maiores, já está em mãos chinesas, norte-americanas, italianas, espanholas e de outras nacionalidades.

Nesse contexto cresce a importância de estudos históricos como o do presente livro. Marcelo Squinca da Silva se dedicou em sua formação de mestrado, doutorado e pós-doutorado a estudar uma época de acirrada disputa de políticos e técnicos em torno da eletrificação. A longa marcha que culminou no marco republicano do Código de Águas no início da era Vargas foi seguida por um contencioso que repercutiu por muito tempo na batalha contra e a favor da criação da Eletrobrás, já num período posterior da história brasileira. Fica patente, porém, como mostram esses estudos, que o conflito entre privatistas e nacionalistas teve muitas nuances que começam agora a ser melhor esclarecidas. O embate feroz contrapondo entreguistas e desenvolvimentistas foi subsidiado por outras oposições, como aquelas entre mineiros e paulistas, que conheceu vários episódios, desde a penetração mineira precoce na eletrificação da região paulista fronteiriça ao sul de Minas Gerais (em Campos de Jordão e outras localidades) até os episódios mais recentes que envolveram a tentativa de compra da CESP pela CEMIG.

É, portanto, esclarecedor e instigante acompanhar o resultado das pesquisas que deram origem a este livro, que demonstra não serem novas as questões sobre energia elétrica que hoje ainda se colocam na ordem do dia. Voltará o pêndulo a se mover na direção de maior nacionalização e, talvez conjuntamente, de uma nova estatização? O suprimento de energia elétrica será adequado para o Brasil voltar a crescer e ter empregos em maior quantidade e qualidade? O consumidor será finalmente contemplado com preços mais justos em sua conta? A desindustrialização e recessão que ameaçam o país podem de fato apontar para a necessidade de revisões da matriz energética e do modelo elétrico, mas enquanto isso não acontece, os leitores poderão através deste trabalho aquilatar o peso e o desequilíbrio do pêndulo.

Gildo Magalhães
Departamento de História, Universidade de São Paulo

Introdução

Está acabando a luz. A luz apagou.

Estas expressões, compostas por poucas palavras, eram muito comuns no cotidiano dos brasileiros no princípio dos anos 1950. Elas exprimiam o drama de milhares de famílias, indústrias e comerciantes diante dos longos períodos de racionamento de energia elétrica. Nos estados de Minas Gerais e São Paulo a crise do setor de energia elétrica não foi menos severa.

No início dos anos 1950, o Brasil iniciou uma luta pela expansão industrial ainda subordinado a uma política de estrangulamento que os países ricos impunham aos países pobres. Um dos grandes desafios do país era superar os seus gargalos no campo infraestrutural, como era o caso do setor de energia elétrica. O Estado resolveu interferir nessa tarefa e os principais estados do país – Minas Gerais e São Paulo são importantes exemplos dessa tendência – passaram a travar uma disputa no interior do processo de expansão do parque energético nacional. O governo mineiro buscava, desde o início dos anos 1940, uma alternativa para a concretização da continuidade do crescimento econômico. A expansão industrial de Belo Horizonte, parecia ser a solução natural aos olhos dos técnicos do governo mineiro e de seu interventor, Benedito Valadares. Esbarrava, entretanto, na escassez de energia elétrica.

A capital mineira, abastecida pela Companhia Força e Luz de Minas Gerais, subsidiária da American and Foreign Power (Amforp), convivia parte significativa do tempo com a escuridão. A documentação examinada por esta pesquisa evidencia que os aportes de recursos do governo federal, ao longo dos anos 1950, favoreceram obras no setor elétrico do estado de origem de determinados representantes da seção brasileira da Comissão Mista Brasil-Estados Unidos (CMBEU), como foi o caso de Minas, beneficiado pelo *lobby* de Lucas Lopes. Em maio de 1952, após a chegada de Juscelino Kubitschek ao poder é criada as Centrais Elétricas de Minas Gerais (Cemig).

São Paulo, o estado mais próspero da federação enfrentou as vicissitudes advindas do setor elétrico monopolizado pelas duas concessionárias estrangeiras de energia elétrica, a Light and Power e a Amforp, por causa da enorme importância dessas duas empresas para a economia do estado e, em consequência disso, o acúmulo por essas empresas de imensa influência política. Neste quadro de gravidade, o governo estadual paulista tomou a decisão de agir, determinando a elaboração de um plano de energia elétrica, iniciada em 1953 e concluída somente em 1956.

A presente pesquisa reflete sobre as seguintes questões: a) O projeto de desenvolvimento de Minas Gerais e sua consequente relação com a expansão do setor de energia elétrica no estado era dependente de poucas – embora decisivas – personalidades políticas como Benedito Valadares, Lucas Lopes e Juscelino Kubitschek? Ou traduzia a expressão de um "Pensamento Industrializante" mineiro que se expressava num contexto de possível acirramento de disputas político-econômicas federalizantes e regionais, com mais raízes na sociedade, dentre as quais a Federação das Indústrias de Minas Gerais? b) Neste contexto de acirramento de disputas político-econômicas federalizantes e regionais, como se deu a intervenção estatal em São Paulo no setor de energia elétrica, onde também havia crise de abastecimento? c) A estratégia mineira de *lobismo* prejudicou a destinação de recursos da CMBEU para a expansão do setor de energia elétrica em São Paulo?

A opção pelo estudo da História do setor de energia elétrica no Brasil, e aqui, especificamente sobre as disputas travadas entre paulistas e mineiros, durante os anos 1950, não é motivo de grande prestígio para as tendências hegemônicas da historiografia atual dedicada, em grande medida, ao estudo do cotidiano e dos mitos. Como advertiu o historiador Edgar Carone,

Veja essa ideia do cotidiano: sem querer fazer crítica, o que você tira disso? Que as mulheres se vestiam de homem, carnaval era muito bom, havia muita elegância no Mappin Stores, as ruas de São Paulo se modernizavam. Tudo isso é importante e interessante, mas não é fundamental.[1]

O presente texto aspira refletir sobre o *fundamental*, ou seja, as transformações no âmbito da produção. Nela, o setor de energia elétrica se constitui numa área decisiva. A energia elétrica mostrou-se capital para a garantia do crescimento econômico no mundo contemporâneo, particularmente no início do século XX, dada a implantação e o crescimento dos parques industriais e dos serviços geradores de renda e emprego, provocando incontáveis alterações na vida cotidiana das pessoas.

Desde estes primórdios até os nossos dias, diversas fontes geradoras de energia vêm sendo desenvolvidas. No Brasil, a principal delas, desde o início da industrialização, tem sido a hidrelétrica, devido particularmente as características fisiográficas do território nacional, de relevo predominantemente planáltico, o que, em combinação com o clima tropical úmido, resulta na formação de inúmeros rios caudalosos. A energia de origem hidrelétrica corresponde à parcela importante da oferta total de energia no Brasil (70% do fornecimento de energia elétrica). Em outros países a realidade é bem diferente: a China emprega o poluente carvão, os Estados Unidos consomem sua riqueza para queimar petróleo e a França utiliza energia nuclear. Deste modo, torna-se patente o caráter estratégico da energia hidrelétrica no Brasil: desenvolvimento pautado em um recurso energético limpo. Neste momento, o Brasil esforça-se para garantir nos próximos anos desenvolvimento e energia limpa por meio dos projetos de Belo Monte (11.233 MW), Jirau (3.300 MW) e Santo Antônio (3.150 MW).

A história do setor de energia elétrica, em vários aspectos, não foi suficientemente explorada pela bibliografia nacional, sobretudo no que se refere às questões regionais que envolvem o tema. As pesquisas que

---

1   José Geraldo Vinci de MORAES & José Marcio REGO, *Conversas com Historiadores Brasileiros*, p. 62.

abordam tais questões, em geral, focalizam os aspectos institucionais (história das empresas regionais, como Chesf, Cemig, CESP e CERJ), bem como as memórias de dirigentes de empresas regionais do setor (Octavio Marcondes Ferraz, Mauro Thibau, Lucas Lopes, entre outros).

Assim, busca-se compreender as disputas travadas entre paulistas e mineiros, durante os anos 1950, com o objetivo de garantir para seus respectivos estados maior espaço – e consequentemente recursos financeiros – no âmbito dos planos de expansão do setor de energia elétrica no Brasil.

Para tanto, busca-se as informações que permitiram resgatar o teor desta contenda e analisar a que fins se prestaram, nas seguintes fontes: *Revista vida industrial* da Federação das Indústrias do Estado de Minas Gerais, *Revista Mensagem Econômica* da Associação Comercial e Empresarial de Minas Gerais, Revista *Digesto Econômico* da Associação Comercial de São Paulo e Federação do Comércio do Estado de São Paulo, *Revista Engenharia*, nos arquivos do Centro de Memória da Companhia Energética de Minas Gerais (Cemig), Diário Oficial do Estado de São Paulo, acervo do jornal *O Estado de São Paulo*, nos Arquivos pessoais depositados no CPDOC/FGV-RJ, nos relatórios da Comissão Mista Brasil-Estados Unidos para Desenvolvimento Econômico e nos relatórios anuais da São Paulo Light S.A Serviços de eletricidade.

Além das fontes primárias acima arroladas, extraíram-se também informações relevantes de indivíduos que, já na época, trouxeram a público suas reflexões teóricas sobre a questão ou tiveram a preocupação de publicar suas memórias, no início dos anos 1990 e, portanto, já em idade avançada, prestaram depoimentos ao Centro de Memória da Eletricidade da Eletrobrás, em parceria com a Fundação Getúlio Vargas.

De posse dos documentos, procura-se resgatar de cada um os conceitos, os termos que, tematizados, reintegrados em seus nexos constitutivos, explicam-nos em sua especificidade histórica. A discussão sobre as disputas travadas entre paulistas e mineiros, durante os anos 1950, com o objetivo de garantir para seus respectivos estados maior espaço – e consequentemente recursos financeiros – no âmbito dos planos de expansão do setor de energia elétrica no Brasil, foi amplamente divulgada nos anos 1950 e pode-se perceber da análise desta documentação que é possível recuperar as contradições sociais que a embasam e explicam. Visando a tal reconstituição, passa-se a extrair dos discursos categorias conceituais que nos possibilitassem circunscrever o objeto em seus nexos constitutivos – progresso e desenvolvimento econômico.

Busca-se, portanto, neste texto, a apreciação do discurso objetivando explicitar seu histórico, através da aplicação do tripé lukacsiano. Entende-se que através deste procedimento – onde se manifesta a possibilidade do conhecimento objetivo – demonstrar-se- as lutas travadas no interior da sociedade. Sendo assim, pretende-se realizar a apreciação do discurso que abarca *o enfrentamento de uma ampla discussão a propósito do caráter, origem, peso e significado das formações ideais – [Ideologia] no interior da realidade histórica.*²]³ Deste modo, a apreciação do discurso se dá por meio da busca da captação de *três momentos* que o envolvem: sua origem, a explicitação da sua substância – por meio da análise imanente⁴ do discurso em questão – e sua função social.⁵ No que

---

2   Entende-se aqui por ideologia, como demonstrou István Mészáros, "uma forma específica de consciência social, materialmente ancorada e sustentada. Como tal é insuperável nas *sociedades de classe.* Sua persistência obstinada se deve ao fato de ela se constituir objetivamente (e reconstituir-se constantemente) como *consciência prática inevitável das sociedades de classe,* relacionada com a articulação de conjuntos de valores e estratégias rivais que visam ao controle do metabolismo social sob todos os seus principais aspectos". Sobre o tema, ver: István MÉSZÁROS, *O poder da ideologia,* p. 13-27.
3   Livia COTRIM, *O ideário de Getúlio Vargas no Estado Novo* 1999, p. 15.
4   Conforme Livia COTRIM: "A análise imanente busca extrair do discurso a sua lógica interna – os temas abordados, os conceitos utilizados, o modo como se articulam – de sorte que ele mesmo evidencie o que é." Idid., p. 35.
5   Não se trata, porquanto, da apreciação do discurso que se remete à proposta de apreciação da ideologia como averiguação a respeito de quem discursa, das condições de produção da fala, em detrimento da acepção ou substância do que é dito – tais proposituras resultam numa "hermenêutica infinita" que não admitem qualquer critério de verdade, além do que nulifica o homem como sujeito e rejeita a possibilidade de um conhecimento objetivo –, que tem como norteadores o pensamento de personagens como Nietzsche, Foucault, Guatari, dentre outros. Não se trata, também, da proposta de apreciação da ideologia no campo das compreensões que a aproximam à falsa consciência, como o que ocorre

se refere à explicitação do pensamento, ou seja, da ideologia, se opta por fazê-la ao longo deste trabalho, acompanhando o movimento de construção do presente texto, na medida em que a documentação, inicialmente fragmentada, for revelando os vetores constitutivos de que resulta o acontecimento histórico.

Como elucidou Milney Chasin: "A categoria deve ser, portanto, algo além que a mera apreensão caótica, desordenada, do todo. Apreender categorialmente, representar idealmente um complexo real, é exprimir a rede de relações e nexos que o articulam na efetividade. Não é atribuir articulação, mas reconhecê-la na forma do ser, em sua riqueza e diversidade, e permanecer sempre referido a ela."[6] Aqui especificamente, a discussão sobre as disputas travadas entre paulistas e mineiros, durante os anos 1950.

Busca-se, portanto, trazer à tona a determinação ontológica dos entes históricos, uma vez que, tomando-se o objeto como portador "de uma configuração de natureza ontológica, o propósito essencial desta teoria é identificar o caráter da política, esclarecer sua origem e configurar sua peculiaridade na constelação dos predicados do ser social".[7]

Foi a partir desta análise que se considera que o cerne desta questão que se selecionou para estudo, isto é, a discussão sobre as disputas travadas entre paulistas e mineiros, durante os anos 1950, expressa a forma de ser do *Estado autocrático-burguês*[8] no interior do *capitalismo atrófico*[9] dada a fragilidade estrutural da burguesia brasileira, que se revela na prática social recuperada da documentação histórica.

---

no pensamento vinculado à Marilena Chauí.

6   Milney CHASIN, *O complexo categorial da objetividade nos escritos marxianos de 1843 a 1848*, p. 7.

7   José CHASIN, "Marx - estatuto ontológico e resolução metodológica", p. 367-8.

8   Para um exame da questão da Autocracia no Brasil ver: Florestan FERNANDES, *A revolução burguesa no Brasil*. Especialmente capítulo "O modelo autocrático-burguês de transformação capitalista".

9   *Capital atrófico* é a designação específica dada por José Chasin ao capital que aqui se configurou, caracterizado por sua debilidade e timidez objetivas, próprias a um capital induzido externamente, incapaz de perspectivar sua autonomia, incompleto e incompletável, assentado na supe-

Opta-se, aqui, pelo exame do tema acima aventado, durante os anos 1950 por duas razões: uma quantitativa e a outra qualitativa. Do ponto de vista quantitativo, os anos 1950 marcaram a consolidação da indústria na economia nacional. Durante os anos 1950, os países desenvolvidos cresceram a uma taxa média de 4% ao ano. No Brasil esse crescimento foi em média de 5,7% ao ano. Tal crescimento ocorreu, fundamentalmente, devido ao aumento da produção da indústria. Numa década em que o produto real interno bruto teve um acréscimo de 97,4%, a indústria teve um acréscimo de 193,4%, enquanto a agricultura registrou um acréscimo de 67,9%.[10]

Do ponto de vista qualitativo, aquele período, como demonstrou Francisco de Oliveira, abre caminho para um novo padrão de acumulação centrado "agora, numa expansão sem precedentes do chamado Departamento III da economia [Bens de consumo duráveis]". O padrão de acumulação apresentava um problema capital, a ser atacado pelo Plano de Metas do governo Juscelino Kubitschek que se propunha eliminar, em cinco anos, o atraso de cinquenta anos do país. Esse problema era a grave desproporcionalidade entre o Departamento I (Bens de Produção) e o Departamento III(Bens de Consumo Duráveis). Ainda incipiente e precariamente constituído, o Departamento de Bens de Produção não conseguia atender convenientemente às grandes demandas de máquinas e equipamentos diversos exigidos pelo setor de produção de bens de consumo. A solução encontrada para a desproporcionalidade entre os Departamentos I e o III foi a busca de capital estrangeiro, por meio de investimentos diretos, viabilizados pelo arcabouço jurídico, consubstanciado na Instrução 113 da Superintendência da Moeda e do Crédito (SUMOC).[11]

---

        rexploração da força de trabalho, impossibilitando a incorporação das classes subalternas e a criação de um mercado consumidor de massas. A este tipo de capital corresponde uma burguesia débil e tímida, autocrática e subordinada ao imperialismo, enquanto internamente oprime econômica e politicamente a classe trabalhadora. Sobre o tema, ver: José CHASIN, *A miséria brasileira*, passim e *O integralismo de Plínio Salgado*.

10   José Carlos PEREIRA, *Formação Industrial do Brasil e outros estudos*, p. 54.
11   Francisco de OLIVEIRA,*A economia da dependência imperfeita*, p. 84.

O crescimento interno do setor industrial torna-se patente quando observamos, por exemplo, que houve um acréscimo considerável da participação dos bens de capital no total das importações brasileiras, saltando de 29,9% em 1939, para 39,8% em 1961.[12] Destarte, como se observara a seguir, o período de expansão da industrialização brasileira também se refletiu em Minas Gerais e teve como consequência o acirramento das disputas por recursos públicos para a expansão do setor de energia elétrica. A capacidade instalada de geração de energia elétrica, no Brasil, em 1954 era de 2,8 milhões de Kw, saltando para 5,8 milhões em 1962.[13]Nesta conjuntura, é conveniente questionar como a expansão da capacidade instalada de energia elétrica foi dividida entre estados importantes da federação como São Paulo e Minas Gerais.

O presente trabalho está dividido em três momentos: No início, apresenta-se um panorama do percurso do setor de energia elétrica no Brasil, desde o início do século XX até o início dos anos 1950. No segundo momento, examina-se a expansão do parque energético de Minas Gerais nos anos 1950. Esta tarefa será realizada em três partes: apresenta-se um panorama da trajetória econômica de Minas Gerais, centrado no seu processo de industrialização após 1930. Na segunda parte, dedica-se a explorar o projeto de desenvolvimento de Minas Gerais e sua relação com a expansão do setor de energia elétrica. Na terceira parte examina-se como se dá a intervenção estatal em São Paulo no setor de energia elétrica, onde também havia crise de abastecimento. Examina-se ainda se a estratégia mineira de *lobismo* prejudicou a destinação de recursos da CMBEU para a expansão do setor de energia elétrica em São Paulo.

---

12   José Carlos PEREIRA, *Formação Industrial...* op. cit, p. 55.
13   Werner BAER, *A industrialização e o desenvolvimento econômico do Brasil*, p. 57

Capítulo 1

*Percurso do setor elétrico brasileiro:
das origens aos anos 1950*

Quando se analisa em profundidade os documentos que tratam da questão do setor de energia elétrica no Brasil, depara-se com um dos aspectos da forma particular de conservadorismo que marca a nossa formação social. Nesta unidade, conquanto não seja o foco caracterizar a forma – por certo particular – que o imperialismo tomou no nosso país, é forçoso fazer referência ao que se chama de desenvolvimento capitalista *hipertardio*, categoria de suma importância para a contextualização das disputas travadas no âmbito do setor de eletricidade.

O exame dos documentos que registram as disputas travadas entre paulistas e mineiros, durante a década de 1950, com o objetivo de garantir aos seus respectivos estados maior espaço – e consequentemente recursos financeiros – no contexto dos planos de expansão do setor de energia elétrica no Brasil, baseará a análise da trajetória deste setor em nosso país, entre o início do século XX e começo dos anos 1960. Esse percurso é caracterizado pela intrincada relação entre sociedade civil e o Estado em um ambiente marcado, internamente, pelo desenvolvimento urbano e pelas emergentes demandas sociais oriundas desse desenvolvimento e, externamente, pelo crescente acirramento do imperialismo, com as consequentes Primeira e Segunda Guerras Mundiais. O conhecimento desse percurso subsidiará o leitor na compreensão das disputas travadas entre paulistas e mineiros no período abordado pelo presente estudo.

O Desenvolvimento Hipertardio, Imperialismo e Subordinação

A história da energia elétrica no Brasil se entrelaça com a história da urbanização e da industrialização. O crescimento urbano verificado nos últimos anos do século XIX, fomentado pela economia do café, foi o responsável pela demanda social de serviços urbanos, dentre eles, aqueles ligados ao setor de energia elétrica.

Todavia, em nosso país, tais demandas adotam características próprias, dado que as políticas públicas – sejam como decisões, sejam como práticas – não dão conta de prevenir ou atender às necessidades sociais, sobretudo as urbanas. Em expansão crescente, essas necessidades não são dimensionadas pelos governos que se sucedem, mas são perfiladas por empresários que nelas veem uma atraente oportunidade de lucros. Atentos à incapacidade do Estado de prover tal demanda, pressupõem sua terceirização ou privatização.

A carência de soluções alternativas e autônomas em relação aos recursos estatais para a oferta de serviços públicos é típica do ambiente empresarial criado no Brasil, no qual a burguesia se desenvolve subordinada e dependente do Estado. Revela-se, assim, a face do conservadorismo que caracteriza o *desenvolvimento capitalista hipertardio*[1] no país:

---

[1] *Capitalismo Hipertardio* remete a reflexão, realizada por J. Chasin, sobre o desenvolvimento do capitalismo na Alemanha, na Itália e no Brasil, países que expressaram formações diversas de concretizar o capitalismo. Pelo caminho Hipertardio não se transita pela via clássica, como a França, exemplarmente. A Alemanha apresentou um desenvolvimento tardio do capitalismo, pela dita via prussiana, dirigindo-se do passado feudal, todavia por meio de reformas ao invés de revolução e, até, de composição do novo e do velho, diferentemente da via clássica onde houve rompimento com as formas antigas. Compreende-se, assim, um "caráter retardatário e conciliador", acontecimento que leva à inferir que o Brasil teve o semelhante caminho, ou seja, realizou sua passagem para o capitalismo pela via prussiana. Contudo, a reflexão de J. Chasin alerta para outros temas. Não obstante, várias similaridades com o processo alemão de concretização do capitalismo tardio, o Brasil contou com diferenças que o aproximava, em determinados aspectos, do caso norte-americano. Devido às suas peculiaridades, o autor demonstra que o episódio brasileiro terminou em um capitalismo hipertardio, caracterizado pela presença do "caráter retardatário e conciliador do processo

aqui, a burguesia é frágil e, por isso, para promover o desenvolvimento, alia-se às forças conservadoras – as oligarquias agrárias – que necessitaria superar para sua própria ascensão. Além disso, na busca pelo desenvolvimento, a burguesia não pode prescindir, em termos tecnológicos, financeiros, mercadológicos etc., do capital internacional, aliando-se a ele de forma subordinada. Ao mesmo tempo, a burguesia, dependente do Estado e submissa ao capital externo, reprime as massas em geral e os trabalhadores em particular.

Por outras palavras, o caráter *hipertardio* do desenvolvimento capitalista no Brasil revela-se não apenas pelo retardamento do desenvolvimento das relações capitalistas, mas também pela atitude dos ideólogos e pelas decisões políticas que propagam as intencionalidades da classe dominante. Intencionalidades essas que, consideradas em face da potencialidade inerente à concretude social da qual são partes integrantes, estão sempre aquém das possibilidades vigentes de desenvolvimento. Como sintetiza Chasin:

> O desenvolvimento das forças produtivas é mais lento, e a implantação e a progressão da indústria, isto é, do *verdadeiro capitalismo*, do modo de produção

---

alemão", todavia com um "modo particular de se constituir e ser capitalismo". No Brasil, o latifúndio nasceu a partir da empresa colonial e a industrialização, constituindo-se em característica da sociedade moderna, desenvolveu-se tardiamente e conservou o país na categoria de subordinado na economia internacional. Observa-se, portanto, a combinação do velho e do novo, na conjuntura em que as mutações políticas foram arranjadas "pelo alto", com relevo a partir dos anos 1930, chegando à culminância nos anos 1950, quando a produção industrial suplanta a agrícola no conjunto da economia nacional, afora de concessões e carência de participação popular. A produção industrial permaneceu dirigida para o mercado externo – sobretudo a exportação de insumos e matéria-prima – de forma semelhante às reflexões anteriores sobre o "sentido da colonização", como apontado por Caio Prado Júnior. Dessa forma, J. Chasin caracteriza como "via colonial", a forma como se concretizou o capitalismo no caso brasileiro. Para a burguesia agrária, o 'novo' não interessava, portanto, instituiu-se um capital atrófico em que a burguesia nacional é dependente e subordinada às exigências externas. Ver: José CHASIN, "A via colonial de entificação do capitalismo" In: *A Miséria Brasileira – 1964 – 1994 – do golpe militar à crise social.*

especificamente capitalista, é retardatária, tardia, sofrendo obstaculizações e refreamentos decorrentes da resistência de forças contrárias e adversas. /.../ a industrialização principia a se realizar efetivamente /.../ já num momento avançado da época das guerras imperialistas, e sem nunca, com isto, romper sua condição de país subordinado aos pólos hegemônicos da economia internacional.[2]

Destarte, não se pode perder de vista que o imperialismo, como demonstrou Lênin, é um estágio do capitalismo, com certas necessidades e procedimentos correlatos. Um estágio no qual se impôs o poder dos monopólios[3] e dos grandes bancos. Não se pode perder de vista, portanto, que o imperialismo é o capitalismo levado a se lançar à dominação colonialista e à guerra pela necessidade de criar e expandir mercados. Lênin patenteou ainda a importância que certos procedimentos tomaram nessa etapa do capitalismo: a intensificação da exportação de capital; a repartição do mundo entre trustes internacionais e a divisão, entre as grandes potências capitalistas, de territórios coloniais fornecedores de matéria-prima e força de trabalho barata.[4]

Em outras palavras, o crescimento vertiginoso verificado na economia mundial, na segunda metade do século XIX, incluindo-se aí a área de energia elétrica, possibilitou às empresas que detinham tecnologia avançada ampliar seus investimentos em mercados de consumo potencial fora de suas áreas de atuação. Portanto, tal crescimento, desde então, levou as empresas representantes do capitalismo monopolista a exportar parcela da sua produção, e até mesmo do seu próprio capital, evitando crises no sistema capitalista. Isso explica por que, a partir da segunda metade do século XIX, foram realizados grandes investimentos de o capital estrangeiro na América Latina, sobretudo no Brasil. Em pa-

---

2   José CHASIN, *A miséria brasileira*, p. 44.
3   Para um exame detalhado do tema ver: Paul M. SWEEZY, *Teoria do desenvolvimento capitalista*, especialmente o capítulo 14.
4   Sobre este tema, Vladimir Ilie LÊNIN, *O Imperialismo, fase superior do capitalismo*.

íses como o nosso, tais aplicações encontravam maior possibilidade de lucro, pois o capital estrangeiro aqui se deparava com força de trabalho e matérias-primas mais baratas, mercado consumidor e uma burguesia frágil, incapaz de fazer frente, em termos de desenvolvimento das forças produtivas, à concorrência externa.

A ação imperialista no mundo realizou-se inicialmente com grande magnitude nos setores financeiro e comercial. Neste último, o imperialismo, especialmente o inglês, descobria possibilidades de investimentos com custos compensadores e, com efeito, maior lucro; enquanto no Brasil, na mesma época, ainda era a cafeicultura a base de sustentação da economia, um produto de segunda necessidade, submetido à alta competitividade no mercado internacional e sem as condições concretas para sustentar tal concorrência. Esse produto, a despeito de ser inegavelmente o sustentáculo da economia brasileira naquele momento, colaborava também, por meio de excedentes de capital, para a expansão industrial e urbana.

Nessa conjuntura, e dadas as características internas vigentes no Brasil, a ação imperialista, que já vinha do final do século XIX, manteve-se em um *continuum*, assumindo setores para os quais já havia demanda, a exemplo da exploração de concessões de serviços de utilidade pública, como esgoto, gás, comunicações, transportes, portos e, finalmente, energia elétrica. Na lógica da ordenação do Estado, no Brasil, tais inversões eram consideradas pelo governo como sendo da sua competência. Mas, contraditoriamente, era também reconhecido que ele não reunia recursos suficientes para a implementação desses serviços, em decorrência não apenas das condições do próprio Estado, mas particularmente porque, para sustentar a competitividade do café no cenário internacional, era necessário subsidiá-lo.

No entanto, tais serviços eram vitais para a urbanização e a industrialização que aqui ocorriam. A concessão[5] à iniciativa privada foi a

---

5   "Permissão, autorização, deferimento. Faculdade do Poder Público de conferir a pessoa física ou jurídica particular à exploração privativa, em seu nome e sua própria conta, de indústria ou serviço de interesse ou de utilidade pública ou da coletividade, durante um certo período de tempo, auferindo proventos e vantagens, mas responsabilizando-se por encargos e obrigações." Deocleciano Torrieri GUIMARÃES, Dicionário téc-

solução que o Estado encontrou para solucionar a questão. Dessa forma, o Estado garantiria a prestação de serviços, enquanto as empresas privadas lucrariam com a prestação dos serviços. Entretanto, era necessário que as empresas concessionárias assumissem também os custos. Como a grande burguesia nacional ainda estava voltada para os investimentos na agricultura, particularmente na cafeicultura – não obstante algumas iniciativas que já se observavam nos grandes centros urbanos como São Paulo, cujo crescimento na época era explosivo –, tais concessões ficaram nas mãos do capital estrangeiro, nos conformes da ação imperialista monopolista. Monopólio a que os governos não davam muita atenção, dado que não havia competição nacional que o pudesse questionar; pelo contrário, era bem-vindo, já que supria uma necessidade interna e "modernizava" o país.

A República Velha: monopolismo das concessionárias estrangeiras

Como foi aventado, a história da energia elétrica no Brasil se emaranha com a urbanização e a industrialização, tendo à frente destes processos, o estado de São Paulo e, de forma menos acentuada, os demais estados das Regiões Sudeste e Sul.

Assim, no âmbito das atividades *imperialistas*, em 7 de abril de 1899, foi fundada, no Canadá, a *São Paulo Railway Light and Power Empresa Cliente Ltd – São Paulo Railway*. A *Light and Power* tinha um capital inicial de US$ 6 milhões e suas atividades no Brasil se destinariam à geração e distribuição de energia para a cidade de São Paulo. Além das atividades de fornecimento de energia elétrica comercial e residencial, a *Light and Power* se destinaria à implantação de linhas férreas, telegráficas e telefônicas. Dessa forma, a empresa garantiu o monopólio sobre os serviços de bondes e o fornecimento de energia elétrica na cidade de São Paulo, por meio de um decreto do presidente da República, Campos Sales, naquele mesmo ano.

O economista Flávio Saes, ao avaliar a evolução da presença do grupo *Light* no Brasil, conclui que este se tornou o mais poderoso con-

---

nico jurídico, p. 189.

glomerado a atuar no setor de energia elétrica no período da República Velha. No entanto, sua receita principal, até o final da década de 1910, não era originária do fornecimento de energia elétrica para as atividades residenciais, de indústria e comércio, mas sim da exploração do serviço de bondes elétricos. Neste serviço, o lucro era de três a cinco vezes maior do que na somatória do restante. Tal situação só viria a se alterar a partir dos anos 1910, devido ao elevado consumo de energia elétrica pela indústria.[6]

Em São Paulo, por essa época, ocorria o crescimento de centros urbanos em todo o estado. Neles, o desenvolvimento industrial propiciou o nascimento, desde 1910, de várias empresas municipais de energia elétrica. Tal como demonstra o historiador Gildo Magalhães[7], em seu estudo sobre a eletricidade na República Velha, dentre as mais importantes estavam:

1. A *Companhia Paulista de Força e Luz* (CPFL), fundada por Manfredo A. da Costa e José B. de Siqueira. Os serviços dessa companhia destinavam-se às cidades de Botucatu, São Manoel, Agudos e Bauru;

2. a *Empresa de Eletricidade de Rio Preto*, pertencente ao grupo Salles Oliveira-Júlio Mesquita, que atendia Jaboticabal e São Simão;

3. a *Companhia. de Força e Luz de Ribeirão Preto*, do grupo *Silva Prado*, fornecendo para Jaú, Barretos, Jardinópolis, Igarapava e Bebedouro.

4. o grupo *Ataliba Vale-Fonseca Rodrigues-Ramos de Azevedo*, suprindo Araraquara, Ribeirão Bonito, Rincão e Vale do Paraíba.

---

6   Flavio SAES. *Café, industria e eletricidade em São Paulo*, p.28
7   Gildo MAGALHÃES. *Força e Luz: eletricidade e modernização na República Velha*, p. 54.

No estado do Rio de Janeiro, ainda segundo Gildo Magalhães, surgiu a Companhia Brasileira de Energia Elétrica (CBEE), no ano de 1909, de propriedade dos Gaffrée, Guinle e Jorge Street. Seus serviços destinavam-se a várias cidades do território do Rio de Janeiro.

Antes disso, em 1904, era fundada, no Canadá, a Rio de Janeiro Tramway, Light and Power Empresa Cliente – Rio de Janeiro Tramway. No ano seguinte, a empresa foi instalada no Rio de Janeiro, com o apoio do prefeito Pereira Passos e do presidente da República, Campos Sales. Suas atividades se iniciaram com a inauguração da iluminação pública da Avenida Central, atual Avenida Rio Branco.

Uma terceira empresa do grupo Light foi fundada em 1911: trata-se da São Paulo Co., que surgiu visando ao aproveitamento do Salto de Ituporaranga, localizado no Rio Sorocaba. Essa empresa permitiria, com a construção de outra usina, aliviar a de Parnaíba, sobrecarregada devido ao crescimento no consumo de energia elétrica da cidade de São Paulo.

Observa-se, por conseguinte, que, ainda na República Velha, as empresas estrangeiras produtoras de energia elétrica iniciaram uma ofensiva para controlar a produção de energia, com o apoio dos governos estaduais e federal, principalmente nos centros economicamente mais importantes, como São Paulo e Rio de Janeiro. Tal fato levou, por exemplo, a Light and Power a deter, em 1930, 40% da capacidade total do fornecimento da energia elétrica do país.

A *American and Foreign Power Empresa Cliente (Amforp)*, com sede nos Estados Unidos, iniciou suas atividades no Brasil em 1927. Fundou aqui uma subsidiária conhecida inicialmente como *Empresas Elétricas Brasileiras* (EEB), que depois passou a se chamar *Companhia Auxiliar de Empresas Elétricas Brasileiras* (CAEEB). Rapidamente, a *Amforp* adquiriu o controle de várias concessionárias que atuavam no interior de São Paulo e em Recife, Salvador, Natal, Maceió, Vitória, Niterói-Petrópolis, Belo Horizonte, Curitiba, Porto Alegre e Pelotas.

Em suma, em 1928, a Amforp era detentora de praticamente todas as usinas do interior de São Paulo. A *Light and Power*, por sua vez, possuía todas as usinas existentes entre Jundiaí e o Rio de Janeiro, incluindo a capital paulista. É claro que a ação dessas empresas estrangeiras no setor de energia elétrica do Brasil representava a consistente atuação imperialista, em sua forma mais tradicional naquele momento, ou seja, atuava nas concessões públicas, ao lado de setores como gás, bondes e ferrovia. Caracterizava-se, assim, o monopolismo, procedimento correlato à fase superior do capitalismo, conforme demonstrou Lênin, mas em uma especificidade de desenvolvimento *hipertardio*.

DA REVOLUÇÃO DE 1930 AOS ANOS 1950: INTERVENÇÃO ESTATAL E NACIONALISMO

Como foi aventado, o ingresso e a atuação das concessionárias estrangeiras de energia elétrica no Brasil, ao longo do século XIX e início do seguinte, foi caracterizado pelo monopolismo. Essas empresas começaram a ser denunciadas principalmente a partir do momento em que se tornou patente o colapso do sistema, com o início da Segunda Guerra. Neste contexto, é interessante questionar como agiam as concessionárias estrangeiras de energia elétrica e que mudanças ocorreram nesse panorama a partir de 1930.

Em 1903, foi aprovado no Congresso Nacional o texto pioneiro na regulamentação do uso de energia elétrica no Brasil. A Constituição de 1891 tratava de temas como concessão de serviços públicos de forma muito vaga, e não havia referência ao aproveitamento de recursos hídricos. Segundo o engenheiro Catullo Branco, desde o princípio do Período Republicano, a questão da energia elétrica foi tratada por uma regulação dispersa e carente de regulamentação.[8]

Durante toda a República Velha a legislação existente sobre os serviços de utilidade pública, como energia elétrica, era extremamente liberal. As decisões davam-se no domínio estadual, de forma dispersa, em detrimento do poder público federal. Isso tornava os mecanismos de controle do Estado sobre tais serviços muitos frágeis.

Além de majorar suas tarifas com liberdade, as empresas estrangeiras tinham como prática a substituição de contratos firmados, por outros que lhes garantiam a elevação de suas tarifas, por meio da *cláusula-ouro* (era o caso das *Empresas Elétricas Brasileiras*, do grupo da

---

8   Catullo BRANCO, *Energia elétrica e capital estrangeiro no Brasil*, p. 66.

Amforp). Por essa cláusula, o aumento era efetuado levando-se em consideração 50% de moeda nacional e o restante oscilavade acordo com a cotação do dólar. Isso, no mínimo, denotava a omissão do poder público para com um tema tão importante para a população.

É imperioso considerar que as atividades imperialistas durante a década de 1930 se enfraqueceram, com a diminuição da entrada de capitais estrangeiros no Brasil. Ao mesmo tempo, a ideologia do nacionalismo econômico local ganhava terreno, manifestando-se principalmente por meio da defesa de bloqueios alfandegários e do controle nacional sobre os recursos naturais. No início de seu governo, Vargas, em um discurso realizado na cidade de Belo Horizonte, indicou sua preocupação com o aproveitamento de nossas riquezas minerais, dentre elas as quedas d'água:

> Julgo oportuno insistir, ainda, em um ponto: a necessidade de ser nacionalizada a exploração das riquezas naturais do País /.../. Não sou exclusivista nem cometeria o erro de aconselhar o repúdio do capital estrangeiro a empregar-se no desenvolvimento da indústria brasileira, *sob a forma de empréstimos*, no arrendamento de serviços, concessões provisórias ou em outras múltiplas aplicações equivalentes. Mas, quando se trata /.../ do aproveitamento das quedas d'água, que nos ilumina e alimenta as indústrias de paz e de guerra /.../ quando se trata, repito, da exploração de serviços de tal natureza, de maneira tão íntima ligados ao amplo e complexo problema da defesa nacional, não podemos aliená-los, concedendo a estranhos, e cumpre-nos, previamente, manter sobre eles o direito de propriedade e domínio.[9]

A tendência ao intervencionismo estatal, sob inspiração do nacionalismo econômico, estava claramente expressa no pensamento de Vargas, no que se referia ao aproveitamento das riquezas naturais do

---

9   Getulio VARGAS, *A Nova República do Brasil*, p.101.

país, sobretudo o de quedas d'água. As prerrogativas constitucionais promulgadas pela Carta de 1934 e a decretação do Código de Águas, naquele mesmo ano, confirmaram tal disposição. Neste diapasão, a Constituição de 1934 atribuía ao Estado relevante papel interventor em atividades de importância para o país. Nesse sentido, o setor de energia elétrica, incontestavelmente, recebia atenção especial. O liberalismo e, com efeito, a omissão legal diante das questões de regulamentação do setor elétrico estavam cedendo espaço ao intervencionismo estatal. Tornava-se rigorosa, então, a regulamentação das atividades do setor elétrico.

Como já foi aludido, desde o princípio do período republicano, a questão da energia elétrica havia sido tratada por uma legislação dispersa e carente de regulamentação. A proposta de um código para utilização e aproveitamento das águas havia sido apresentada no início do Período Republicano. Contudo, não fora aprovada e convertida em lei pelos deputados, aparentemente contrários a tal regulamentação, pois ficariam excluídos da atribuição de fiscais, que consideravam importante.

Ao longo da República Velha, a ação das grandes concessionárias estrangeiras de energia elétrica era caracterizada por desmandos que prejudicavam a população e os interesses do país. Entretanto, elementos de ideologia nacionalista e visão intervencionista, que ocuparam o centro do poder a partir da Revolução de 30, passaram a fundamentar medidas que significavam uma reação às políticas liberais anteriores. Neste sentido, o ministro da Agricultura, Juarez Távora, criou o Serviço de Águas que ficou encarregado de zelar pelos assuntos relativos à exploração de energia hidrelétrica, irrigação, concessões e legislação de águas. A famigerada cláusula-ouro foi extinta, em novembro de 1933, pelo Decreto n.º 23.501. De fato, nas condições criadas pela grave crise de 1929-32, não podiam os governos prosseguir com as garantias tarifa-ouro de antes da crise, em virtude da visível depressão do comércio exterior.

Diante disso, *grosso modo*, o Código de Águas assinado pelo presidente Vargas estabelecia:

1. a separação da propriedade das quedas d'água das terras onde estas se encontravam e a incorporação ao patrimônio da União Hidráulica, de forma inalienável e imprescritível, de tais quedas d'água e de outras fontes de energia;

2. atribuição à União da outorga e concessão de aproveitamento (por no mínimo 30, no máximo, 50 anos) da energia hidráulica para uso privativo em serviço público, bem como a reversão das instalações ao final do prazo de concessão;

3. instituição do princípio do *custo histórico* ou *serviço pelo custo* para o estabelecimento de tarifas e avaliação do capital das empresas;

4. e nacionalização dos serviços, que passaram a ser conferidos exclusivamente a brasileiros ou a empresas organizadas no Brasil.

A regulamentação do Código passou por penosa trajetória, da mesma forma que sua aplicação. Segundo o historiador Ricardo Maranhão, "Todo o poder de fogo da *Brazilian Traction* foi para influenciar e comprar deputados, financiar campanhas de imprensa contra o Código e, com algum êxito, atrasar sua aplicação prática".[10] A regulamentação ficou sob a orientação de um órgão federal, que seria criado apenas em 1939, o Conselho Nacional de Águas e Energia Elétrica (CNAEE).

O Código de Águas passou, inclusive, por uma arguição de inconstitucionalidade, sob o argumento de que fora publicado em data posterior à promulgação da Constituição de 16/7/1934 e, consequentemente, deveria ser submetido à Câmara dos Deputados para a sua aprovação. Não casualmente, tal arguição partiu do deputado federal paulista Antônio Augusto Barros Penteado, diretor da CPFL, ligada ao

---

10 Ricardo MARANHÃO, "O poder da canadense" In: *Memória, São Paulo, DPH Eletropaulo*, p. 38.

grupo *Amforp*. Além disso, na mesma Assembleia Constituinte, encontravam-se mais cinco deputados com alguma ligação com a *Light and Power* e a *Amforp*, fato que se reproduziria na Assembleia Constituinte de 1946. Ou seja, funcionários das concessionárias estrangeiras de energia elétrica também integravam o Congresso ou outras agências do serviço público.[11] Tais ligações não constituíam nenhuma novidade: durante a República Velha, período de grande expansão da *Light*, figuras como Clóvis Bevilacqua, Epitácio Pessoa e Rui Barbosa foram grandes colaboradores da empresa, que ficou conhecida pela população como *polvo canadense*.[12]

O Estado Novo, com o golpe de 1937, acentuou a tendência centralista já observada no período anterior. A Constituição outorgada em 10 de novembro de 1937, no seu capítulo acerca da ordem econômica, claramente abria espaço para a intervenção estatal em setores nos quais a iniciativa privada apresentava debilidade. Neste contexto, surgiram indústrias de base fundamentais para o avanço da industrialização do país: Cia. Siderúrgica Nacional (CSN), Cia. Vale do Rio Doce (CVRD) e Fábrica Nacional de Motores (FNM). Nele, também surgiu uma série de organizações governamentais com atribuições de planejamento econômico. Diante da falência do Estado oligárquico anterior à Revolução de 30, assumiram importância fundamental em face do crescimento da industrialização que se verificava no país. No período "entre 1932 e 1939, a produção industrial cresceu a uma média de 10% ao ano, contra menos de 10% da produção agrícola". Surgiram organismos como: Conselho Técnico de Economia e Finanças (CTEF), em 1937; Departamento Administrativo do Serviço Público (DASP), em 1938; Coordenação de Mobilização Econômica (CME), em 1942; Conselho Nacional de Política Industrial e Comercial (CNPIC) e Comissão do Planejamento Econômico (CPE), em 1944.[13]

---

11   José Carlos RUI, "As costas largas da light" In: A. Veiga FIALHO (Org.) *Compra da Light: o que todo brasileiro deve saber*, p.36.

12   Medeiros LIMA (org), *Petróleo, energia elétrica e siderurgia: a luta pela emancipação – um depoimento de Jesus Soares Pereira sobre a Política de Vargas*, p. 128.

13   Ver: Ricardo BIELSCHOWSKY, *Pensamento econômico brasileiro 1930-1964: o ciclo do desenvolvimentismo*, p. 253-9.

No setor de energia elétrica, a acentuação da intervenção do Estado, característica do Estado Novo, expressou-se na fundação do CNAEE, em outubro de 1939, pelo Decreto-Lei nº 1.699, e na iniciativa de criação da primeira empresa de eletricidade do governo federal, a Companhia Hidroelétrica do São Francisco (Chesf), instituída pelo Decreto-Lei nº 8.031, de 3 de outubro de 1945.

O CNAEE surgiu para substituir a Divisão de Águas do Ministério da Agricultura e, definitivamente, subordinar à Presidência da República a política de energia elétrica do país. Sua criação tinha o intuito de examinar o tema da exploração e aproveitamento da energia elétrica, sobretudo, a de origem hidráulica. Era composto por cinco membros, todos indicados pelo presidente da República. A concepção do CNAEE buscou pôr em prática os ordenamentos compreendidos no Código de Águas de 1934. Sua intenção fundamental era possibilitar uma ação coordenada do poder público no campo da produção hidrelétrica, até então dedicada quase unicamente à iniciativa privada. Nos anos 1960, depois da criação da Eletrobrás e do Departamento Nacional de Águas e Energia (DNAE), o CNAEE perdeu gradativamente suas atribuições, sendo extinto em 1969.

Neste contexto, a crise do setor de energia elétrica já se fazia sentir desde o fim da década de 1930 e atingiu contornos maiores no início do segundo governo Vargas (1951), levando ao desabastecimento e, com efeito, ao racionamento de energia elétrica.

O SEGUNDO GOVERNO VARGAS: CRISE DE ABASTECIMENTO E A PROPOSTA DA ELETROBRÁS

O segundo governo Vargas foi política e economicamente ambíguo, representativo da tentativa de conciliação de várias forças políticas do país, ambiguidade esta que esta que se expressou particularmente no encaminhamento dos projetos econômicos.[14] A Assessoria Econô-

---

14 Conforme Almeida Júnior, esta dubiedade que se expressa particularmente na composição de seu corpo administrativo, pois "reservou ao seu partido, o PTB, um único ministério: o do Trabalho. Isto demonstra a importância que o presidente atribuía a este setor e o quanto apostava no processo de industrialização e no crescimento da classe operária ur-

mica do Gabinete Civil era ligada à Presidência da República e chefiada inicialmente por Rômulo de Almeida, que representava a ala nacionalista da política governamental. Do outro lado, instalou-se, em 19 de julho de 1951, a Comissão Mista Brasil-Estados Unidos (CMBEU), sob a orientação do ministro da Fazenda Horácio Lafer. Desta forma, aparentemente a hegemonia no governo estaria com os *privatistas,* já que ocupavam o Ministério mais poderoso, o da Fazenda. O presidente Vargas reconhecia a ambiguidade. Por isso, declarou durante seu segundo governo: "Governo popular, ministério reacionário: por muito tempo ainda haverá que ser assim".[15]

O país que o presidente Vargas assumiu, em janeiro de 1951, não correspondia ao que os áulicos do pensamento liberal-conservador chamavam, até alguns anos antes, de país da "vocação agrária". Pensadores como o agrarista Eugênio Gudin[16] haviam considerado arriscada a produção de calçados no Brasil durante a década de 1920. Segundo o depoimento de Jesus Soares Pereira, Gudin "tachou posteriormente

---

    bana, enquanto força política decisiva. /.../ Ao PSD, Getúlio destinou a maioria das pastas: Fazenda, Educação e Saúde, Justiça e Relações Exteriores, demonstrando que sabia reconhecer a força bastante respeitável do antigo 'partido dos interventores' e que grande parte de seus votos ainda provinha dos 'redutos' eleitorais dominados pelos pessedistas. /.../ A Adhemar de Barros /.../ o presidente entregou o Ministério de Viação e Obras Públicas, elemento-chave para a política de nepotismo e concessão de favores que se traduziam em votos. Quanto aos ministérios militares, Vargas escolheu nomes não apenas de sua confiança pessoal, mas que fossem respeitados dentro das Forças Armadas e, principalmente, nacionalistas /.../, o que agradava aos clandestinos comunistas. /.../ Até mesmo a UDN acabou agraciada com o Ministério da Agricultura, por meio do usineiro pernambucano João Cleofas". Cf. A.M. AMEIDA JÚNIOR, *O Brasil Republicano. Do declínio do Estado Novo ao suicídio de Getúlio Vargas,* p. 247-8.

15   Apud. Ricardo Maranhão, *Estado e capital privado na eletrificação de São Paulo,* p. 395.

16   Engenheiro de formação, Eugênio Gudin representou o Brasil na Conferência de Bretton Woods em 1944. Conhecido por posições econômicas fortemente liberais, opôs-se ao monopólio estatal do petróleo. Foi um dos criadores dos centros de estudos econômicos da Fundação Getúlio Vargas. No governo Café Filho, assumiu o Ministério da Fazenda.

todo o esforço no sentido de implantação da indústria de autoveículos e correlatos no Brasil como sonhos da Disneylândia".[17]

O segundo governo Getúlio Vargas tinha um significado peculiar: era a expressão da continuidade de um *projeto nacional* existente desde o início da década de 1930. Pretendia ser o governo da renovação e expansão do parque industrial brasileiro e não escondia estar comprometido com a expansão industrial; no entanto, para impulsioná-la, encontraria em seu caminho aquilo que ficou conhecido em nossa história como *pontos de estrangulamento*. Um deles era a escassez de energia elétrica, que já se manifestava grave desde a década de 1940 e que, no decênio seguinte, alcançava expressão dramática na crise de suprimento desse insumo.

No segundo governo de Getúlio Vargas foram criados, por exemplo: o Banco Nacional de Desenvolvimento Econômico (BNDE), em 1952; a Petrobrás, em 1953; e enviado ao Congresso Nacional, em 1954, o projeto que propunha a criação da Eletrobrás. Tais iniciativas expressam um empenho pelo planejamento visando a promover o desenvolvimento econômico sob a orientação estatal. A maior parte do esforço de planificação referido acima foi resultado de estudos realizados pela Assessoria Econômica do presidente Vargas, chefiada por técnicos de formação nacionalista como Rômulo de Almeida e Jesus Soares Pereira.

O embate em torno da forma como seriam atendidas as necessidades de expansão do setor de energia elétrica foi tamanho, que dividiu o centro diretivo de política econômica do governo. As opiniões convergiram para a formação de duas grandes facções: os *privatistas* e os *nacionalistas* (estes últimos alcunhados de *tupiniquins*). Os *privatistas* entendiam que o setor elétrico deveria continuar sob o controle das concessionárias privadas estrangeiras, pelo que eram denominados por seus adversários de *entreguistas*. Os *nacionalistas*, por sua vez, consideravam que o Estado deveria afiançar a infraestrutura do parque energético.

---

17 *Apud* Medeiros LIMA (org), *Petróleo, energia elétrica e siderurgia: a luta pela emancipação – um depoimento de Jesus Soares Pereira sobre a política de Vargas*, p. 117.

O grau de centralização e intervenção do governo federal na esfera estadual era outro ponto de divergência. Uns entendiam que a melhor forma de atuação do Estado seria pela via da estadualização (grupo da CMBEU/BNDE), tendo como oponentes os que consideravam que a ação mais adequada se daria por meio da federalização (grupo da Assessoria Econômica). Em outros termos, o grupo ligado à CMBEU/BNDE pretendia uma intervenção estatal mais descentralizadora, enquanto o grupo ligado a essa Assessoria Econômica, por sua vez, defendia a centralização. Suas posições coincidiram, grosso modo, com as dos defensores do *privatismo* e do *nacionalismo*, respectivamente. No centro deste embate estava a discussão sobre a divisão dos recursos oriundos do Imposto Único sobre Energia Elétrica (IUEE).

No período entre 1951 e 1954, Vargas expressou, por diversas vezes, a preocupação do governo com as necessidades de energia elétrica, assim como havia feito durante a campanha eleitoral, como já foi aludido. Ao enviar ao Congresso Nacional a sua primeira mensagem presidencial, vinculou o progresso advindo do desenvolvimento industrial à existência de eletricidade abundante e, principalmente, barata.[18] Na mensagem ao Congresso Nacional de 15 de março de 1953, Vargas voltou a manifestar sua preocupação com as necessidades de energia elétrica do país, incluindo-a também como determinante para a expansão e intensificação das atividades econômicas de regiões menos desenvolvidas. Mas situa também, para superar o problema dos altos custos de tal investimento, a colaboração entre a iniciativa privada e a pública, assim como a necessidade de competência técnica e administrativa.

Algumas iniciativas no sentido de atender a demanda por energia elétrica, embora de caráter estadual, já haviam surgido no período final do Estado Novo. Paralelamente a essas iniciativas estaduais, a criação da Companhia Hidroelétrica do São Francisco (Chesf) já representara a entrada do governo federal na produção de energia elétrica. Com a criação da Chesf, visava-se ao aproveitamento do potencial da Cachoeira de Paulo Afonso, o que ficou a cargo do ministro da Agricul-

---

18 Cf. Mensagem ao Congresso Nacional apresentada por ocasião da abertura da sessãolegislativa de 1951. In: Getúlio VARGAS, *A Nova República do Brasil*, p. 222.

tura, Apolônio Salles, que, em abril de 1944, apresentara ao presidente o projeto acabado de criação da empresa.

O estudo realizado pelo Centro da Memória da Eletricidade assinala a criação da Chesf como um marco na questão em pauta, por haver substituído a tendência à construção de pequenas usinas pela concentração em grandes unidades, que passaram a suprir as demandas por meio de sistemas distribuidores regionais.[19]

O modelo proposto pelo projeto da Chesf influenciou profundamente a expansão do setor de energia elétrica ao longo da década de 50, mediante a concentração nacional da produção de sistemas elétricos e a posterior desconcentração do atendimento aos consumidores para distribuidores regionais, ou seja, os governos estaduais. Ora, tal modelo, que significava deixar a liderança do desenvolvimento do sistema de energia elétrica sob a regência do poder público, representava ameaça às concessionárias estrangeiras no setor, que só mediante a cobrança de altíssimas tarifas, auferindo altos lucros, aceitariam expandir a produção.

Além dos grandes projetos indicados acima, no Rio Grande do Sul, em 1952, o governo gaúcho transformou em autarquia a Comissão Estadual de Energia Elétrica (CEEE). Tal comissão foi responsável pela execução do Plano de Eletrificação, com a construção de usinas hidrelétricas e termelétricas. A Usina de São Jerônimo é um exemplo: sua capacidade era de 20.000 kW, ela entrou em funcionamento em 1953.[20] No Rio de Janeiro, onde a crise do setor elétrico também assumiu expressão dramática, o governo estadual criou a Empresa Fluminense de Energia (EFEE), com o objetivo de efetivar ações que resolvessem o agudo problema no norte do estado.[21] Em Minas Gerais, com a criação das Centrais Elétricas de Minas Gerais (Cemig), em 1952, a política de distribuição dos investimentos para o setor de energia elétrica se evidenciou definitivamente e sobre ela discorreremos no capítulo seguinte. Em São Paulo, em um quadro de grave crise de abastecimento, o governo estadual tomou a decisão de agir, com a elaboração de um plano de energia

---

19   Ligia CABRAL, *Panorama do setor de energia elétrica no Brasil*, p. 96.
20   Renato Feliciano DIAS (coord.), *Notas sobre racionamento de energia elétrica no Brasil (1940-80)*, p. 105-113.
21   Sobre o tema, ver: Idem. .p. 67-71.

elétrica, iniciado em 1953 e que só seria concluído em 1956. Além disso, como observaremos no capítulo III, os paulistas iniciaram a constituição de diversas empresas públicas regionais, que seriam reunidas nas Centrais Elétricas de São Paulo S.A (CESP), em 1966.

A ação do Estado no setor de energia elétrica teve, no segundo governo Vargas, sua expressão maior na elaboração de quatro projetos, que foram submetidos à apreciação do Congresso Nacional na seguinte ordem:

1. Em maio de 1953 – o projeto que criava o Imposto Único sobre Energia Elétrica (IUEE), que anteriormente fora previsto pela Constituição de 1946.[22]

2. Também em maio de 1953 – o projeto que criava o Fundo Federal de Eletrificação (FFE), cujo objetivo seria gerenciar os recursos do Imposto Único. Tanto este quanto o anterior, foram aprovados apenas alguns dias após o suicídio do presidente Vargas.

3. Em agosto de 1953 - o projeto que regulava a distribuição e a aplicação das frações do IUEE que caberiam aos estados, Distrito Federal e municípios. Como já foi aludido, tal plano foi o centro de acirradas disputas de caráter regional e, com efeito, seria aprovado apenas no governo Juscelino Kubitschek.

4. Em abril de 1954 – apresentou-se ao Congresso o projeto de maior complexidade, ou seja, aquele que estabelecia o Plano Nacional de Eletrificação (PNE), cujos objetivos centrais eram definir quais seriam os

---

22   O IUEE era uma das fontes de recursos do FFE. Era cobrado sobre as contas de fornecimento pagas pelos consumidores. Constituía-se num dos principais elementos de capitalização das empresas públicas do setor. De acordo com o FFE, as empresas públicas estaduais deveriam investir no setor elétrico de seu Estado a parcela recebida por tal fundo.

sistemas interligados, bem como as formas de mobilização e aplicação dos recursos financeiros.

5. Em abril de 1954 - finalmente foi levado ao Legislativo o projeto que autorizava a criação, por parte da União, da Eletrobrás. Esse projeto, durante o governo Vargas, praticamente não fora analisado no Congresso e somente seria aprovado em 1961, sob a administração Jânio Quadros. Não por acaso, portanto, o presidente Vargas, na sua Carta-Testamento, escrita para justificativa de seu suicídio em 24 de agosto de 1954, apontava que a "Eletrobrás foi obstaculizada até o desespero".

Consideradas pela oposição como estatizantes, as propostas varguistas despertaram a fúria das grandes concessionárias estrangeiras de energia elétrica (Light e Amforp), que se mobilizaram contra o PNE e o projeto que propunha a Eletrobrás. Diversas manifestações de forças ligadas à ação imperialista demonstraram sua preocupação com a proposta estatizante de Vargas para o setor de energia, comprovadas por dois documentos encontrados nos arquivos pessoais de Getúlio Vargas depositados no CPDOC/FGV-RJ.[23]

---

23 Documento dos arquivos pessoais de Getúlio Vargas, depositados no CPDOC/FGV-RJ sob o registro GV c 1953.12.29/4. A tradução da carta é a seguinte: "Carditon (Canadá) 29 de dezembro de 1953. Ao Presidente do Governo do Brasil. Caro Senhor, em recentes edições de jornais canadenses, têm sido publicadas declarações atribuídas ao senhor, em que o governo brasileiro estaria nacionalizando as companhias de energia elétrica no Brasil, incluindo a Light and Power, por meio de expropriação. O comentário acima teve uma má repercussão para as ações da Companhia, fazendo com que o preço das ações e dos ativos tivessem uma queda de quase 50%. Como acionista desta mesma Companhia estou muito preocupado. Será que esta Companhia brasileira permitirá retirar dólares americanos suficientes para pagar os juros de seus ativos e ações? Ou nós, acionistas, iremos perder tudo? Ficarei muito grato se puder me informar ou aconselhar sobre as questões acima. Sinceramente, Lester W. Lee"

De forma resumida, podemos concluir, portanto, que o segundo governo Vargas pretendia administrar a renovação e expansão do parque industrial, visando assim promover o desenvolvimento do capitalismo no Brasil. Daí as medidas para potencializar a economia em outras direções, além da agricultura. Tal intenção encontrava-se dentro de um projeto nacional que havia se iniciado na década de 30. Deste modo, o segundo governo Vargas encontrou nos *pontos de estrangulamento* - dentre os quais se destacava a escassez de energia - uma grande barreira em relação a seus projetos de modernização industrial.

Portanto, os diversos exemplos de ações diretas do Estado – no âmbito federal ou no estadual, como discutiremos nos capítulos seguintes – demonstram seu papel fundamental no financiamento de empreitadas de geração e transmissão de energia elétrica, embora, conforme já afirmamos, sem alterar as concessões já garantidas às empresas estrangeiras. Até então, o capital privado exercia amplo domínio, com os monopólios de capital estrangeiro.[24] A ação do Estado, verificada no segundo governo Getúlio Vargas, resultou, mesmo que timidamente, na elevação da capacidade instalada pelo setor público, lançando as bases para que tal setor alcançasse, em 1962, a proporção de 31,3% da capacidade instalada de produção de energia elétrica do país, em contraste aos 6,8% que detinha em 1952. Ao contrário, o setor privado viu diminuir sua participação de 82,4% em 1952 para 55,2% em 1962[25], embora as concessionárias estrangeiras continuassem, nos anos que se seguiram, obtendo lucros com a distribuição de energia.

Juscelino Kubistchek, ao assumir a Presidência da República, encontrou um Estado aparelhado, inclusive com pessoal técnico qualificado, que veio se formando desde a década de 30, que podiam dotar o país de capacidade de planejamento da produção de energia elétrica. Ademais, de fato, as bases do desenvolvimento pautado na industrialização foram lançadas no segundo governo Getúlio Vargas e delas o presidente

---

24 Antonio LEITE, *A energia do Brasil,* p. 100 A Light, por exemplo, detinha de 45% a 50% da capacidade instalada de geração de energia elétrica do Brasil naquele momento.

25 Apud Ligia CABRAL, *Panorama do setor de energia elétrica no Brasil,* p. 150.

Juscelino Kubitschek pôde se valer, facilitando, assim, a implementação do seu Plano de Metas – no qual a energia elétrica assumia papel fundamental –, que garantiu ao seu governo grande notoriedade.

Nos dois próximos capítulos serão examinadas as disputas travadas entre paulistas e mineiros, durante a década de 1950, com o objetivo de garantir para seus respectivos estados maior espaço – e consequentemente recursos financeiros – no âmbito dos planos de expansão do setor de energia elétrica no Brasil.

Capítulo 2

Expansão do parque energético de Minas Gerais nos anos 1950

Nesta unidade, examina-se a expansão do parque energético de Minas Gerais nos anos 1950. Esta tarefa será realizada em dois momentos: apresenta-se um panorama da trajetória econômica de Minas Gerais, centrado no seu processo de industrialização após 1930. Em um segundo momento, dedicasse aqui a explorar, por meio do tripé lukacsiano, o projeto de desenvolvimento de Minas Gerais e sua relação com a expansão do setor de energia elétrica.

Panorama da economia mineira

Transcende os limites deste trabalho o exame aprofundado da trajetória econômica de Minas Gerais até o início de sua efetiva expansão industrial após os anos 1930.[1] De qualquer maneira, no entanto, é imperioso realizar algumas considerações.[2]

---

1   Recorre-se aqui ao estudo da História Econômica (de Minas Gerais) subsidiariamente, como lembrou o historiador Wilson Barbosa, pelo "seu poder metodológico de combater fantasias". Para um exame aprofundado do tema ver: Wilson do Nascimento BARBOSA, *A História Econômica como disciplina independente*. Sobre a História Econômica de Minas Gerais ver: Antonio Barros de CASTRO, *A herança regional no desenvolvimento brasileiro – A industrialização descentralizada no Brasil: ensaios sobre a economia brasileira*; Franklin de OLIVEIRA, *A tragédia da renovação brasileira*; W. A. BARBOSA, *História de Minas*; F. N. COSTA, *Bancos em Minas Gerais – 1889/1964*; J. H. LIMA, *Café e Indústria em Minas Gerais – 1870/1920*; Paul SINGER, *Desenvolvimento econômico e evolução urbana*; Othos de Lemos RACHE, *Contribuição ao estudo da economia mineira*; John WIRTH, *Minas e Nação, um estudo de poder e dependência regional: 1889-1937*.

2   O debate sobre a origem da indústria no Brasil foge do escopo do pre-

O extrativismo mineral marcou a história de Minas Gerais desde o período colonial. No século XVIII, o núcleo da economia do Brasil português passou a ser a região das Minas Gerais. Todas as atenções voltaram-se para a busca dos recursos minerais, sobretudo, ouro, mas também diamantes. A atividade mineradora foi intensa: em 70 anos de exploração extraiu-se aproximadamente 731 toneladas de ouro das minas do Brasil, perfazendo um número maior do que o verificado em 350 anos de exploração na América Espanhola.[3]

Diferentemente da produção açucareira, a atividade mineradora não demandava vultosos investimentos de capital, devido à característica dos depósitos – superficiais – de ouro encontrados na região. A oportunidade de homens livres se enriquecerem e ascenderem socialmente provocou o surto demográfico naquela região e a população cresceu 10 vezes. As proximidades da região mineradora, abrangendo o eixo Minas Gerais-Rio de Janeiro, tornaram-se o novo núcleo econômico e político do Brasil colonial. A maior expressão deste novo quadro ocorreu em 1763, quando, por um decreto do marquês de Pombal, a capital da colônia foi transferida de Salvador para o Rio de Janeiro.

A mineração provocou um maior desenvolvimento do comércio, coligado ao avanço da urbanização. Ampliou o mercado interno,

---

sente texto. Remetemos o leitor a um consistente sumário deste debate em: Luiz Eduardo Simões de SOUZA & Marcos Cordeiro PIRES, "A herança colonial" In: Marcos Cordeiro PIRES, *Economia brasileira: da Colônia ao Governo Lula*, p. 41-52. De toda forma, é imperioso ressaltar que, no desenvolvimento capitalista no Brasil, segundo Ruy Mauro Marini: "o ponto fundamental está em reconhecer que a agricultura de exportação foia própria base sobre a qual se desenvolveu o capitalismo brasileiro. Mais do que isto, e de um ponto de vista global, a industrialização foi a saída que o capitalismo brasileiro encontrou no momento em que a crise mundial, iniciada com a guerra de 1914, agravada pelo crack de 1929 e levada a seu paroxismo com a guerra de 1939, transtornava o mecanismo dos mercados internacionais." Para um exame aprofundado da questão da *complementaridade* entre Agricultura e Indústria ver: Ruy Mauro MARINI, *Dialética da dependência*, p. 11-103.

3   Luiz Eduardo Simões de SOUZA & Marcos Cordeiro PIRES, "A herança colonial" In: Marcos Cordeiro PIRES (Org.), *Economia brasileira: da Colônia ao Governo Lula*, p. 16. Apud. Roberto SIMONSEN, *História Econômica do Brasil*, p. 298.

permitindo o desenvolvimento de várias regiões da colônia, que se prepararam para abastecer a região mineradora. A urbanização e o próprio modo de exploração do ouro motivaram uma sociedade mais heterogênea, na qual coexistiam, paralelamente, o trabalho livre e o trabalho escravo, mesmo que este fosse dominante. A produção do ouro alcançou seu auge entre 1741-1761, quando 292 toneladas foram extraídas. Entre 1761-1781, foram extraídas 207 toneladas e 109 nas duas décadas que se seguiram.[4] O declínio da atividade mineradora provocou transformações no panorama da economia de Minas Gerais.

No século XIX, a então província mineira desenvolveu dois centros dinâmicos de sua economia: o Sul da província especializou-se na exportação de alimentos, desde 1808; e a Mata transformou-se na maior produtora de café entre a segunda metade do século XIX até 1930. A economia mercantil de gêneros alimentícios transformou a região Sul de Minas Gerais em uma das fundamentais regiões fornecedoras para o mercado carioca, que, com a chegada da Família Real Portuguesa ao Brasil, em 1808, tornou-se o centro dinamizador da economia colonial. Há muito tempo, a mencionada Zona já provisionava as regiões auríferas das Minas Gerais. Esta atividade era um alicerce da economia regional. A partir da crise da mineração, o Sul recebeu a maior parte dos capitais e escravos deslocados das minas.

Deste modo, a produção mercantil de gêneros, naquela região, teve uma característica original, fundamentada na produção agropastoril em grandes propriedades sustentadas amplamente no trabalho escravo. Até a chegada da cafeicultura, o Sul de Minas se constituiu no centro dinâmico da economia mineira. O Brasil inseriu-se no processo de divisão internacional do trabalho, no século XIX, por meio da cafeicultura. Esta atividade introduziu-se em Minas Gerais pela Zona da Mata, transformando-a na principal região produtora da província e o centro dinâmico da economia mineira, entre 1850-1930, como já foi aventado.[5]

---

4   Luiz Eduardo Simões de SOUZA & Marcos Cordeiro PIRES, *A herança...op. cit.*, p. 16.

5   Ricardo Zimbrão Affonso de PAULA, *Percalços da Industrialização: o caso de Minas Gerais*, p. 36-7.

Examinando a economia da cafeicultura em Minas Gerais, Wilson Cano, patenteia que, conquanto "escravista, [o café] foi produzido na pequena e na média propriedade; após a Abolição, não se dissemina o regime assalariado, predominando a parceria".[6] O desenvolvimento do complexo agroexportador cafeicultor estimulou o incremento de um sistema viário moderno na Zona da Mata e converteu a cidade de Juiz de Fora no principal entreposto comercial de Minas, desde a década de 1860. Consequentemente, verificou-se maior concentração de capital que passou a financiar, direta ou indiretamente, o surto de industrialização daquela cidade, cujo auge econômico ocorreu entre 1890 a 1930.[7]

Desde sua gênese, no século XIX, a indústria de Minas Gerais estabeleceu-se de forma especialmente descentralizada, em uma área econômica desarticulada, na qual os níveis de urbanização eram dispersos.[8] A industrialização que se desenvolveu na Zona da Mata ligada à ação do setor agroexportador cafeeiro, entre o final do século XIX e 1930, não logrou os efeitos dinâmicos que ocorreram no estado de São Paulo, de modo a agregar as diferentes regiões do Estado. Isto ocorreu porque a indústria matense, representada, sobretudo, pelo parque industrial de Juiz de Fora, instituiu-se em um surto de industrialização periférico, frente aos amplos núcleos de produção industrial, como o Rio de Janeiro e São Paulo. Embora importante no âmbito regional, o surto industrial ocorrido na Zona da Mata revelou-se frágil no período posterior a 1930, posto não ter resistido à concorrência dos centros he-

---

6   Wilson CANO, *Desequilíbrio regional e concentração industrial no Brasil 1930-1970*, p. 57

7   Ricardo Zimbrão Affonso de PAULA, *Percalços da Industrialização...* op. cit., p. 36-7.

8   Conforme John Wirth, Minas Gerais não se estabeleceu como uma região socioeconômica homogênea. Seu desenvolvimento ocorreu como um mosaico de sete zonas distintas ou sub-regiões que penosamente se interpõe economicamente entre si até as primeiras décadas do século XX. Tais zonas sofreram intervenção ou estavam direcionadas para negócios de outras regiões como São Paulo (regiões Oeste, Triângulo e Sul), Rio de Janeiro (Mata) e Bahia (Norte e Leste). Para um exame mais aprofundado do tema ver: John Wirth, *O Fiel da Balança*.

gemônicos - Rio e São Paulo - o que favoreceu a estagnação do parque industrial da região.[9]

Em síntese, dois séculos depois do auge da mineração do período colonial, o deslocamento do eixo dinâmico da economia do estado de Minas Gerais, nos anos 1940 e 1950, da Zona da Mata para a Zona Metalúrgica, fez uma atividade relacionada à mineração voltar a ocupar lugar de destaque na vida econômica do estado de Minas Gerais. O incremento do setor minero-metalúrgico e siderúrgico[10], (bens intermediários) especialmente, a partir da segunda metade dos anos 1950, devido à mutação no padrão de acumulação do país, bem como a alteração no processo de integração do mercado nacional, dirigiu progressivamente a área central de Minas Gerais, a Zona Metalúrgica, à categoria de espaço tendencialmente concentrador da atividade industrial, levando à especificação na fabricação de bens intermediários, oferecendo sustentação ao projeto de composição de um polo que vinculou as distintas regiões de Minas Gerais.[11]

Durante a década de 1930, a siderurgia havia se constituído na maior esperança de uma possível recuperação da economia mineira. A Companhia Siderúrgica Belgo-Mineira, por exemplo, fundada em 1921, expressou bem a euforia dos mineiros com a sua expansão. Após incorporar várias pequenas usinas, a Belgo resolveu construir a usina de Monlevade. Tal companhia acumulava, em 1937, a capacidade de produzir 50.000 toneladas/ano de ferro. O esforço da Belgo, somado ao de outras companhias, fazia com que a produção mineira de ferro-gusa pulasse de 31.000 toneladas, em 1925, para 159.000 toneladas em 1940.[12] Havia em Minas Gerais esperança de que uma grande usina siderúrgica se estabelecesse ali. Tal esperança frustrou-se quando, ainda no Estado Novo, o governo federal decidiu instalar a Companhia Siderúrgica Na-

---

9   Ricardo Zimbrão Affonso de PAULA, *Percalços...op. cit.*, p. 107
10 Para um sumário sobre as indústrias siderúrgicas ver: Wilson SUZIGAN, Indústria Brasileira: origem e desenvolvimento, pp. 271-294.
11 Ricardo Zimbrão Affonso de PAULA, *Percalços...op. cit.* ,p. 107
12 Clélio Campolina DINIZ, "A industrialização mineira após 1930" In: Tamás SZMRECSÁNYI & Wilson SUZIGAN, *História econômica do Brasil contemporâneo*, p. 82-3.

cional (CSN) em Volta Redonda, no estado do Rio de Janeiro. Destarte, o governo mineiro passou a buscar, no início dos anos 1940, uma alternativa para a realização da continuidade do crescimento econômico naquele estado. A expansão industrial de Belo Horizonte, perseguida desde a década de 30, parecia ser a solução natural aos olhos dos técnicos do governo mineiro e de seu interventor, Benedito Valadares.

A expansão da industrialização de Belo Horizonte, todavia, esbarrava na escassez de energia elétrica. A capital mineira, abastecida pela subsidiária da Amforp, vivia parte significativa do tempo na escuridão.[13] O engenheiro Lucas Lopes, que comandou o Plano de Eletrificação de Minas Gerais, lembra que "era a iluminação da miséria do mineiro".[14] Segundo ele, o governo mineiro estava certo de que não poderia contar com a Companhia Força e Luz de Minas Gerais (CFLMG), subsidiária da Amforp, e de que precisava agir: "Lamentávamos muito que não existisse iniciativa privada para produzir energia elétrica em Minas, mas nem por isso cruzávamos os braços esperando que ela surgisse".[15]

Nos anos 1940, não interessava às concessionárias estrangeiras de energia elétrica – e a CFLMG não era exceção – realizar investimentos por dois fatores basicamente: em primeiro lugar, as empresas discordavam da legislação reguladora do setor – Código de Águas (1934) –, pois ela colocava os aumentos tarifários sob o controle do Estado, bem como limitava a remuneração do capital investido com base no critério do custo histórico.[16] Em segundo lugar, o chamado "fator de carga"[17]

---

13 Para um exame do racionamento de energia elétrica no estado de Minas Gerais nos anos 1940 e 1950 ver: Renato Feliciano DIAS, (coord.) *Notas sobre racionamento...* op. cit.

14 CENTRO DA MEMÓRIA DA ELETRICIDADE NO BRASIL, *Lucas Lopes: memórias do desenvolvimento*, p. 71.

15 Ibid., p. 82.

16 Sobre o debate em torno do Código de Águas ver: Marcelo Squinca da SILVA, *Energia Elétrica: estatização e desenvolvimento, 1956-1967*, capítulos 1.2 e 2.

17 O Fator de Carga é um indicador que permite averiguar a quantidade de energia elétrica que é empregada de forma racional. Esse fator está entre a demanda média, durante um determinado espaço de tempo, e a de-

da CFLMG, na sua área de concessão em Minas Gerais, era bastante satisfatório, alcançando o número de 58,2.[18] Por outras palavras, quanto mais alto fosse o fator de carga, maior seria a venda de eletricidade (KWh) para uma mesma capacidade geradora instalada. Deste modo, a taxa de lucros, consequentemente crescia e novos investimentos visando à ampliação das instalações da empresa não eram considerados convenientes.

O governador mineiro, Benedito Valadares, resolveu colocar em prática uma ideia do então secretário de Agricultura, Indústria, Comércio e Trabalho, Israel Pinheiro: a constituição de uma cidade industrial próxima a Belo Horizonte, que viria a se chamar Contagem, criada pelo Decreto 770 em 1941. O projeto da cidade industrial resultou da impossibilidade do governo mineiro de promover qualquer ação no sentido de produzir energia elétrica dentro da área de concessão da CFLMG. Esta manobra foi relatada por Lucas Lopes:

> É que a Cidade Industrial foi localizada através de uma manobra que Valadares fez para se liberar da concessão da Amforp. Ele fez uma redivisão territorial e criou um município novo, Betim, cuja fronteira passava a sete quilômetros do centro de Belo Horizonte. O novo município deixou assim de ser área de concessão da Amforp, que também não reclamou porque não tinha capacidade de fornecer nada além do que já fornecia a Belo Horizonte.[19]

---

manda máxima anotada no mesmo período. O fator de carga varia entre o 0 (zero) e 100. No máximo, demanda média é idêntica à demanda máxima, implicando que a capacidade instalada está sendo inteiramente empregada. Assim sendo, quanto maior for a importância deste índice, menor será o conteúdo inativo do sistema elétrico e vice-versa. Naquela época, os modelos internacionais sugeriam que um fator de carga era suficiente ao variar entre os valores de 40 e 50.

18   Nivalde de CASTRO, *O setor de energia elétrica no Brasil: a transição da propriedade privada estrangeira para a propriedade pública (1945-1961)*, p. 106.

19   CENTRO DA MEMÓRIA DA ELETRICIDADE NO BRASIL, *Lucas Lopes: memórias do desenvolvimento*, p. 72.

Para atender às necessidades decorrentes do projeto da cidade industrial, o governo mineiro iniciou, em 1940, a construção da Usina de Gafanhoto, no Município de Divinópolis, cuja capacidade de produção era de 10.000 kw. Segundo Lucas Lopes, o "governo se comprometeu também a fornecer energia elétrica para as indústrias".[20] Houve atraso no cronograma das obras, pois, conforme lembrou ainda este engenheiro, "o navio que vinha dos EUA trazendo os geradores foi afundado na guerra"[21], adiando a conclusão da usina para 1946. Nesta data, a cidade industrial já abrigava algumas indústrias. A Cimento Itaú "ficou pronta antes de chegar a energia elétrica e teve de permanecer alguns meses parada até começar a produzir".[22] Em 1947, dez indústrias haviam se instalado na Cidade Industrial, como a Cimento Itaú[23] e Klabin (de azulejos), empregando 1.000 operários. Em 1960, o número de indústrias se elevou para 82 e o número de operários para 14.863.[24]

Em novembro de 1949, o então governador Milton Campos estabeleceu as bases para a criação de empresas de economia mista que pudessem dar continuidade e expandir a necessária intervenção do Estado no setor de energia elétrica, o que ficou consubstanciado pela Lei 510. Tal legislação autorizava o governo mineiro "a subscrever ações dessas empresas, fazer empréstimos e dispor de patrimônio, e destinava 3% da receita tributária estadual, durante 15 anos, ao fundo de eletrificação do Estado".[25]

Em julho do ano seguinte, o estado de Minas Gerais já contava com um Plano de Eletrificação, produzido sob encomenda pela Companhia Brasileira de Engenharia (CEB) e coordenado pelo engenheiro Lucas Lopes. O Plano demonstrava a necessidade de intervenção do estado no setor elétrico em Minas Gerais, prevendo, porém, espaço

---

20   Ibid., p. 69.
21   Ibid., p. 69.
22   CENTRO DA MEMÓRIA DA ELETRICIDADE NO BRASIL, *Lucas Lopes...*op. cit., p. 70.
23   Sobre o panorama da indústria de cimento ver: Wilson SUZIGAN, *Indústria Brasileira...*op. cit., p. 264-271.
24   Ricardo Zimbrão Affonso de PAULA, *Percalços...*op. cit.,p. 102.
25   Ligia M. M. CABRAL et alii. *Panorama do setor...*, op. cit., p. 157.

para a continuidade da ação das empresas privadas no setor. Em outras palavras, nas áreas mais desenvolvidas, em que já atuassem as concessionárias privadas, o papel do governo mineiro deveria restringir-se à construção e operação de grandes usinas e de suas respectivas linhas de transmissão. A produção de energia dessas grandes usinas, então, seria comercializada com as distribuidoras particulares ou municipais.

Em suma, pelo Plano de Eletrificação, elaborado pelo engenheiro Lucas Lopes, as tarefas que exigiriam um grande montante de investimentos e cujos lucros demandariam um longo período de maturação para se realizarem ficariam a cargo do estado. Por outro lado, os lucros auferidos de forma rápida e em níveis elevados, por meio da distribuição de energia nos centros mais desenvolvidos daquela unidade da federação, ficariam sob controle da concessionária privada de energia elétrica, ou seja, a Amforp, não obstante o prejuízo que estava provocando ao desenvolvimento do setor. Torna-se evidente, assim, uma característica do capital atrófico no Brasil, isto é, o Estado assume funções da iniciativa privada descapitalizada ou mesmo desinteressada em realizar investimentos que não propiciem lucros imediatos.

De acordo com Wilson Cano, no campo dos bens intermediários, os efeitos positivos do Plano de Metas se concretizaram em Minas Gerais, no período aventado, pois a produção intermediária saltou de 3,8%, nos anos entre 1939-49, para 11,5% entre 1949 e 59.[26] As pesquisas de Werner Baer demonstram que, no intervalo deste último período, no Brasil, por exemplo, a importação de produtos como cimento declinou de 27,7% para 0,9% e a de produtos da siderurgia e metalurgia, por sua vez, declinou de 22,5% para 11,6%.[27] Parcela dessa substituição de importações era advinda de indústrias mineiras: no intervalo entre 1950 e 1960, a participação da indústria de Minas Gerais no setor de cimento saltou de 15,2% para 23,8%, totalizando um crescimento de 8,6%; no setor siderúrgico, a produção de aço saltou de 21,6% para 31,9%, totalizando um crescimento de 10,3%.[28]

---

26   Wilson CANO, *Desequilíbrio regional...op .cit.*, p. 84-5.
27   Werner BAER, *A industrialização e o desenvolvimento econômico do Brasil*, p. 64.
28   Ricardo Zimbrão Affonso de PAULA, *Percalços...op. cit.* p. 99.

Nos anos 1950, entre os maiores consumidores de energia elétrica da Cemig estavam a Mannesman com 45.000 Kw e a Belgo-Mineira com 10.000 Kw.[29] A elevação do consumo de energia elétrica, ao longo dos anos 1950, na área industrial, em Minas Gerais, fica evidenciada nas tabelas II.1 e II.2. Na primeira metade dos anos 1950, o consumo industrial de energia elétrica, entre os mineiros, era de 5% do total nacional, enquanto, na segunda metade daquela década, ele havia saltado para 12% do total do país.

Tabela II.1
Consumo de energia elétrica – MW/h de 1951 a 1955.

Setores	São Paulo	Minas Gerais	Outros Estados	Brasil (= 100%)
Residencial	46%	10%	44%	8.144.144
Comercial	44%	6%	50%	5.185.962
Industrial	63%	5%	32%	15.030.141
Rural	81%	5%	14%	181.021
Iluminação Pública	37%	9%	54%	1.007.818
Outros*	41%	4%	55%	8.310.816
Consumo total	51%	6%	43%	37.859.902

Fonte: Sistema de Informações Empresariais do Setor Elétrico – SIESE, MME/DNDE – DNAEE – Eletrobrás.
*Poderes Públicos, água e esgoto sanitário, tração, internos e próprios do estado.

---

29 Cândido Hollanda de LIMA, *Evolução da Centrais Elétricas de Minas Gerais e sua influência na indústria metalúrgica*, p. 20.

Tabela II.2
Consumo de energia elétrica – MW/h de 1956 a 1961.

Setores	São Paulo	Minas Gerais	Outros Estados	Brasil (= 100%)
Residencial	43%	10%	47%	17.812.618
Comercial	43%	6%	51%	12.044.021
Industrial	60%	12%	28%	35.687.781
Rural	78%	9%	13%	479.173
Iluminação Pública	38%	9%	53%	1.961.728
Outros*	38%	4%	58%	15.698.095
Consumo total	49%	9%	42%	83.683.416

Fonte:Sistema de Informações Empresariais do Setor Elétrico – SIESE, MME/DNDE – DNAEE – Eletrobrás.
*Poderes Públicos, água e esgoto sanitário, tração, internos e próprios do estado.

O desenvolvimento do setor de bens intermediários, especialmente minero-metalúrgicos, se consolidou ao longo dos anos 1950 com o surgimento de empresas como Usiminas, Mannesman, dentre outras, além do alargamento das empresas mais antigas como a Belgo-Mineira, a Vale do Rio Doce e Acesita. Tal realidade fica patente quando observamos que os setores de bens intermediários foram, em grande medida, responsáveis pelo desenvolvimento industrial de Minas Gerais na década de 1950, pois cresceram acima da média em comparação ao conjunto do setor industrial mineiro: minerais não-metálicos (368%); extração mineral, com a Vale do Rio Doce (270%); metalurgia, com a Mannesmann, a Acesita, a trefilaria da Belgo-Mineira e numerosos altos fornos de gusa (232%); construção civil, com o grande processo de urbanização em Belo Horizonte e outros regiões (160%).[30]

---

30 Ricardo Zimbrão Affonso de PAULA, *Percalços...*op. cit., p. 104. Apud Otavio Soares DULCI, *Política e Recuperação Econômica em Minas Gerais*, p. 105.

O domínio industrial de bens intermediários foi motivador da manifestação de uma nova fração da burguesia[31] industrial mineira, que organizou um grupo aglutinador e elaborador de políticas econômicas estaduais.[32] Como já examinou Ignacio Godinho Delgado:

> /.../ao longo dos anos 30 e 40, os empresário mineiros, sob a liderança dos industriais vinculados ao que era chamado de ramo "minério-metalúrgico", já tinham avançado consideravelmente na definição de um projeto industrial para o estado e na articulação da burguesia industrial mineira como fração diferenciada da elite regional, através da constituição da FIEMG em 1933.[33]

Nos anos 1940, tal projeto destinava-se, consistentemente, por exemplo, ao atendimento de oferta de energia elétrica - afora fragilidade do sistema de transportes – para os projetos industriais mineiros. O conteúdo e a substância das políticas de desenvolvimento de Minas Gerais e sua relação com a expansão do parque gerador de energia elétrica neste estado, nos anos 1950, será tratado a seguir.

---

31 Não adentramos aqui numa análise dos diversos segmentos da burguesia brasileira, tarefa que demandaria uma nova pesquisa. Remetemos o leitor para obras que já se debruçaram sobre o tema em pauta: Renato R. BOSCHI, *Elites industriais e democracia*; Fernando Henrique CARDOSO, *Empresário industrial e desenvolvimento econômico no Brasil*; Eli DINIZ, *Empresariado, Estado e capitalismo no Brasil – 1930/1945*; Eli DINIZ, & Renato R. BOSCHI, *Empresariado nacional e Estado no Brasil*; Luciano MARTINS, *Industrialização, burguesia nacional e desenvolvimento*; Roberto SIMONSEN, *Evolução industrial do Brasil e outros estudos*; Carlos Estevam MARTINS, *Capitalismo de Estado e modelo político no Brasil*; René A. DREIFFUS, 1964, *A conquista do Estado – ação política, poder e golpe de classe*; Caio PRADO JUNIOR, *A Revolução Brasileira*; Florestan FERNANDES, *A revolução burguesa no Brasil*; Nelson W. SODRÉ, *História da burguesia brasileira*; Jacob GORENDER, *A burguesia brasileira* e Maria Aparecida de Paula RAGO, *Jose Ermírio de Moraes: a trajetória de um empresário nacional*.

32 Ricardo Zimbrão Affonso de PAULA, *Percalços...op. cit.* ,p. 107-8.

33 Ignacio Godinho DELGADO, *A Estratégia de um Revés*, p. 55.

Energia Elétrica e Industrialização

Na unidade anterior apresentou-se um panorama da trajetória econômica de Minas Gerais, situado no seu processo de industrialização após 1930. Observou-se que, sobretudo, a partir dos anos 1940 ocorreu o deslocamento do eixo dinâmico da economia do estado de Minas Gerais, da Zona da Mata para a Zona Metalúrgica. Dessa forma, a produção de bens intermediários industriais, principalmente aqueles relacionados à mineração, voltaram a ocupar lugar de destaque na vida econômica deste estado. Assim sendo, examina-se a partir de agora a seguinte questão: o projeto de desenvolvimento de Minas Gerais e sua consequente relação com a expansão do setor de energia elétrica no estado era dependente de poucas – embora decisivas – personalidades políticas, como Benedito Valadares, Lucas Lopes e Juscelino Kubitschek. Ou traduzia a expressão de um "Pensamento Industrializante" mineiro que se expressava em um contexto de possível acirramento de disputas político-econômicas federalizantes e regionais, com mais raízes na sociedade, como, por exemplo, a Federação das Indústrias de Minas Gerais?

Objetivando responder a questão acima, examinasse o conteúdo da *Revista vida industrial*, da FIEMG, da *Revista Mensagem Econômica*, da ACMinas, e dos arquivos do Centro de Mémoria, da Cemig, e os depoimentos dos técnicos que participaram dos projetos de desenvolvimento de Minas Gerais nos anos 1950.

Em 22 de janeiro de 1955, o presidente da Associação Comercial e Empresarial de Minas, Paulo Macedo Gontijo, discursou na cidade de Governador Valadares, por ocasião da inauguração da Usina Hidroelétrica de Tronqueiras, no Município de Coroaci. No discurso, o representante da ACMinas recorda que, dois anos antes, a entidade havia realizado debates na região e que havia chegado à conclusão de que a escassez de energia elétrica, no Vale do Rio Doce, representava grave barreira ao desenvolvimento econômico mineiro. Relatou que a entidade recomendava prioridade no aceleramento das obras na região de Tronqueiras, bem como da Usina de Salto Grande. Vejamos como o empresário mineiro definia a Usina Hidroelétrica que, naquele momento, se inaugurava:

> Tronqueiras não é apenas uma Usina elétrica a se inaugurar. Não é tão pouco a garantia de *progresso* do maravilhoso Vale do Rio Doce. Muito mais do que o marco da civilização plantado no aconchego suave dessas matas milenares ou no dorso sonolento do rio manso é a mensagem de realizações de gente mineira, da capacidade criadora do homem da montanha, e, sobretudo, a demonstração de que os problemas econômicos tão atrevidamente postos por Minas no cenário nacional, nestes últimos anos, encontram na fronteira da própria Minas os seus mais seguros realizadores.[34]

Como observamos, o líder da Associação Comercial e Empresarial de Minas orgulha-se do fato de a relização da Usina Hidroelétrica de Tronqueiras ter sua execução comandada por seus conterrâneos da Cemig, entre 1951 e 1955. No entanto, a primeira observação feita por Paulo Gontijo se refere ao progresso que a usina proporcionaria às atividades econômicas da região do Vale do Rio Doce. Vale destacar, ainda, que no diagnóstico realizado pela ACMinas naquela região, dois anos antes, atribuia-se significativa proeminência para as obras da Usina de Salto Grande, no Município de Braúnas. Esta tornou-se, a partir de 1954, a principal fornecedora de energia para o empreendimento da Mannesman em Minas Gerais.

Em janeiro de 1955, a *Revista vida industrial*, da FIEMG, publicou um artigo no qual comemorou a inauguração de usinas hidroelétricas como Tronqueiras, Itutinga e Piau. Além de fazer um balanço das principais obras que se concluíam naquele momento, o artigo, em editorial, caracteriza decididamente a relação entre desenvolvimento e disponibilidade de energia elétrica:

---

34 Cf. *Revista Mensagem Econômica. Discurso do Presidente*, Fevereiro de 1955, Ano III, N° 26, p. 6. Grifos nossos. (Acervo Associação Comercial e Empresarial de Minas).

Quando o atual Governador do Estado consubstanciou seu programa administrativo no binomio "Energia e Transporte" tinha em mira, na verdade, a solução de dois problemas que se afiguravam como entrave maior ao *desenvolvimento econômico* de Minas: o escoamento de nossas riquezas para os grandes centros de consumo e a instalação de novas indústrias para incrementar o progresso demandavam de boas estradas de rodagem e energia elétrica abundante. Daí a elevada significação das solenidades inaugurais de novos trechos de rodovias, construidas pelo atual Governo, e das novas centrais hidrelétricas de Tronqueiras em Governador Valadares, na Bacia do Paraná, e de Piau, nas proximidades de Santos Dumont. Estrategicamente localizadas, as grandes usinas constrídas pela CEMIG (Centrais Elétricas de Minas Gerais) beneficiarão extensas e ricas regiões, possibilitando ainda a interligação com outras unidades, oferencendo energia abundante a baixo custo a todo Estado. São, portanto, novos fatores de *progresso* que abrem para regiões até então abandonadas dos poderes públicos, imensas possibilidades de desenvolvimento econômico e social, justificando plenamente o regozijo e o entusiasmo da população mineira nas comemorações do 4º aniversário da administração do Governador Juscelino Kubistchek.[35]

As usinas em questão integravam a estratégia adotada por Juscelino Kubistchek conhecida como binômio "Energia e Transportes", estabelecida com o objetivo deatender às principais demandas de Minas Gerais durante o seu mandato no governo do estado. Como se observa, afora as necessidades de transporte, para a FIEMG, a oferta abundante e barata de energia elétrica era fundamental para uma política de de-

---

35 Cf. Revista *Vida Industrial. Energia Elétrica para o progresso de Minas*, 1955, v.5, n.1, jan. 1955, p. 30. Grifos nossos. (Acervo Cemig).

senvolvimento econômico. Não por acaso, a entidade de classe dos industriais mineiros usa a expressão "estrategicamente localizadas", pois o mencionado conjunto de novas usinas se tornaria responsável por parcela significativa da energia fornecida ao setor mínero-metalúrgico, representado na FIEMG. Assim, desenvolvimento implicava a expansão industrial, que, por sua vez, pressupunha energia elétrica em quantidade elevada e preços acessíveis.

Em agosto de 1957, a Associação Comercial e Empresarial de Minas publicou um manifesto à nação cujo tema era a intervenção do Estado no domínio econômico. Nele, afirmava que a ordem econômica brasileira estava pautada no princípio da liberdade e do primado da livre iniciativa. Entretanto, a defesa dos princípios liberais, na atividade econômica, encontrava ressalva quando o assunto era o setor de infraestrutura:

> /.../ não há que condenar a interferência do Estado em problemas como petróleo, energia elétrica e minerais atômicos por exemplo, visto que a intervenção do poder público se faz por motivo de segurança nacional, ou então, em caráter supletivo, em setor no qual a iniciativa particular vem se mostrando "omissa, desinteressada ou incapaz". Como modelo de ingerência do Estado no domínio econômico pode-se citar, em Minas Gerais, a CEMIG, sadiamente estruturada e que se vem transformando em poderoso instrumento de *progresso* do Estado e ativo elemento de apoio e incentivo à atividade privada.[36]

Como se nota, o manifesto da ACMinas de 1957, assim como nos exemplos anteriores, relaciona a oferta de energia ao desenvolvimento. Contudo, neste momento, é imperioso fazer uma observação: ao defender a intervenção do Estado no setor de energia elétrica, essa fração da burguesia mineira denota expressar o que se chamou de de-

---

36 Cf. *Revista Mensagem Econômica. A intervenção do estado no domínio econômico*, agosto de 1957, Ano VI, N° 56, p. 4. Grifos nossos. (Acervo Associação Comercial e Empresarial de Minas)

senvolvimentismo, ou seja, concepção da industrialização planejada e apoiada pelo Estado.[37] Assim, essa fração da burguesia mineira não só expressa um "pensamento industrializante" como solução para a expansão econômica do estado de Minas Gerais, mas também a industrialização suportada pelo Estado em setores como o de energia elétrica, abandonado por uma iniciativa particular "omissa, desinteressada ou incapaz".

É imprescindível, ainda, assinalar que a defesa da intervenção do Estado nos setores acima aventados encontravaprecedentes nas desventuras dos mineiros no que se referia à exploração de suas reservas minerais, sobretudo de minério de ferro, explorado principalmente pelo capital estrangeiro.[38] Especialmente, a intervenção do Estado no setor de energia elétrica era resultante da situação de penúria em que os consumidores de uma forma geral, em especial os industriais, se encontravam no que tange ao abastecimento de energia elétrica. Corrobora essa afirmação, a avaliação de Mauro Thibau, diretor da Cemig nos anos 1950, para quem o cenário do setor de energia elétrica era "caótico".[39] Confirma ainda este quadro, John Cotrim, também diretor da Cemig nos 1950, para quem a CFLMG "mal dava conta de si, não podia construir usinas para atender grandes indústrias que quisessem se implantar em Minas".[40]

Em outubro de 1959, a descrença da ACMinas com a Companhia Força e Luz de Minas Gerais, concessionária responsável pelo fornecimento de energia em Belo Horizonte, era tão acentuada que, no seu boletim semanal, a entidade de classe mineira anuncia o encaminhamento do processo de encampação daquela companhia, a partir de projetos levados à Assembléia Legislativa do estado por diversos deputados. Um dos diretores da ACMinas, Gabriel Janot Pacheco, propunha que a entidade se mantivesse atenta ao processo em curso e demonstrasse todo

---

37 Ricardo BIELSCHOWSKY, *Pensamento...* op. cit., p. 247.
38 Ignacio Godinho DELGADO, *A Estratégia...* op. cit., p. 85.
39 Ligia M. M. CABRAL, (coord.), *Mauro Thibau: a trajetória um ministro*, p. 89.
40 Ligia M. M. CABRAL, (coord.), *John Cotrim: testemunho de um empreendedor*, p. 161.

apoio àqueles projetos visando à solução dos problemas do fornecimento de energia elétrica da forma mais rápida possível. O representante da ACMinas ainda duvidava e manifestava a sua incredulidade diante da publicidade que a concessionária privada de energia elétrica estava veiculando para convencer os consumidores de que os problemas de escassez de energia estariam próximos de serem solucionados com a chegada da linha de transmissão da Usina de Peixotos, no Município de Ibiraci.[41]

Em suma, a partir do exame das fontes selecionadas – representativas das principais entidades de classe da burguesia mineira – é possível refutar a assertiva de que o projeto de desenvolvimento de Minas Gerais e sua consequente relação com a expansão do setor de energia elétrica no estado era dependente de poucas – embora decisivas – lideranças políticas de Minas Gerais. É possível afirmar, ao contrário, que traduzia a expressão de um "Pensamento Industrializante" mineiro com mais raízes na sociedade, como, por exemplo, a Federação das Indústrias de Minas Gerais, bem como na Associação Comercial e Empresarial de Minas. Patenteia-se ainda que o "Pensamento Industrializante" significa a garantia da supremacia, gradativamente, a partir dos anos 1930, da tese de que o desenvolvimento do estado de Minas Gerais dependia, principalmente, do processo de industrialização. Entende-se também, que o processo de industrialização era concebido sob a direção e o apoio do Estado no âmbito dos setores essenciais ao desenvolvimento econômico, do qual o setor de energia elétrica era um consistente exemplo.

Por fim, é necessário examinar o processo de trabalho de bastidores, ou seja, de verdadeiro *lobby* realizado no interior da Comissão Mista Brasil-Estados Unidos (CMBEU), bem como no Banco Nacional de Desenvolvimento Econômico para atender projetos da Cemig. O exame desse tema é importante, porque não é possível dissociar o *lobby* dos *ideólogos* ligados à burocracia estadual mineira dos projetos industrializantes daquele estado. Diretor da Cemig no início dos anos 1950, o depoimento de John Cotrim é esclarecedor nesse sentido:

---

41 Cf. *Revista Mensagem Econômica. Soluções para o problema energético*, Outubro de 1959, Ano VIII, N° 82, pp. 47-8. Sessão do dia 03 de setembro. (Acervo Associação Comercial e Empresarial de Minas.)

/.../ Lucas Lopes, ao mesmo tempo que era da Cemig, integrou a Comissão Mista. Porque Juscelino, que era muito vivo, quando viu que a comissão se constituiria e objetivando *garantir benefícios para o seu estado*, foi ao Getúlio e disse: "Quero um homem meu na comissão." E designou Lucas Lopes, que depois foi para a presidência do [Banco Nacional de Desenvolvimento Econômico] BNDE e começou a dar *suporte aos programas de interesse de Minas Gerais*.[42]

A CMBEU foi organizada com o objetivo de realizar estudos acerca dos principais obstáculos ao nosso desenvolvimento e produzir um relatório que reunisse os projetos com potencial para futuros financiamentos. Esses projetos deveriam estar dirigidos aos setores de base da economia e serem capazes de garantir o crescimento econômico equilibrado do país. Os financiamentos seriam realizados por duas fontes: em primeiro lugar, os recursos do BNDE, organizado no início do segundo governo Vargas com o objetivo de financiar o Plano Nacional de Reaparelhamento Econômico; em segundo lugar, o dinheiro dos bancos internacionais, o Export-Import Bank (Eximbank) e o Banco Interamericano de Reconstrução e Desenvolvimento (Bird). A alternativa encontrada pelo segundo governo Vargas para obter recursos para superar o "estrangulamento" do setor de energia elétrica foi o pedido de empréstimos a grandes bancos públicos internacionais. Em outras palavras, o governo buscava os empréstimos junto aos bancos públicos estrangeiros para financiar as obras de expansão do setor elétrico, que já não atendia às demandas na proporção suficiente e que se encontrava em mãos das concessionárias estrangeiras desinteressadas de fazê-lo. Os fatos demonstram que o presidente Vargas tinha motivos concretos para buscar alternativas para a produção de energia, até então sob a responsabilidade das concessionárias privadas, pois o crescimento médio anual da capacidade instalada no setor de energia

---

42 Ligia M. M. CABRAL, (coord.), *John Cotrim...* op. cit., p. 171. Grifos Nossos.

elétrica, no Brasil, no quinquênio 1940-45, ficou em 1,1%, contra 4,9% do quinquênio imediatamente anterior.[43]

De fato, o crescimento médio anual de capacidade de geração de energia vinha registrando quedas desde a década de 30. O setor de energia elétrica obteve espaço muito significativo no relatório final da CMBEU, o que se evidencia pela destinação de 33,2% dos recursos daquela Comissão a tal setor. O relatório final da CMBEU foi apresentado após a morte do presidente Vargas – já no governo Café Filho –, ao ministro da Fazenda, Eugênio Gudin, no mês de novembro de 1954. A CMBEU havia aprovado 41 projetos que exigiriam um total de financiamentos de US$ 329 milhões. Destes, US$ 186 milhões foram de fato financiados. Deste total, US$ 129,746 milhões, aproximadamente, foram dedicados ao financiamento de obras que contemplavam a expansão do setor elétrico brasileiro.

O que se constata ao analisar a distribuição dos financiamentos da CMBEU por categoria de propriedade das empresas em questão é a regalia oferecida às concessionárias estrangeiras ao serem indicadas para receber 48,4% dos recursos destinados ao setor elétrico. Tal constatação aparenta ser um contrassenso, pois, naquele período, estava em marcha o processo de imperiosa intervenção do Estado no setor elétrico, mergulhado em uma grave crise, resultante, em grande medida, exatamente do desinteresse das próprias concessionárias estrangeiras em realizar investimentos.

Esperava-se, tendo em vista os propósitos de autonomia nacional do governo, que os recursos da CMBEU fossem, preferencialmente, canalizados para as inversões realizadas pelo Estado, em detrimento daquelas das concessionárias estrangeiras. Fica claro, dessa forma, que o governo brasileiro passou a injetar recursos na ampliação do sistema de eletrificação pressionado não apenas pelo aumento da demanda interna, mas também para suprir uma demanda cujas origens remontam a omissão das empresas estrangeiras. Todas as medidas nesse sentido, entretanto, não foram acompanhadas da extinção das concessões existentes. A redefinição da disposição das concessionárias estrangeiras do setor elétrico

---

43   Ligia M. M. CABRA Letali, *Panorama do setor....* op. cit., p. 98.

abrangeu um árduo acordo político que resultou na conformação de um acordo tácito elaborado ao longo de muitos anos. Tal acordo foi chamado de "pacto de clivagem", ou seja, a celebração de uma separação de papéis intra-setoriais: a geração e transmissão inclinavam-se a ficar a cargo do Estado, à medida que a distribuição competiria às concessionárias estrangeiras.[44] Assim, evidencia-se, mais uma vez, a subordinação do capitalismo brasileiro ao capital internacional.

No que se refere às disputas político-econômicas federalizantes, a ação do "Homem de Juscelino" é demonstrada pela documentação examinada. Como veremos, a partir de um depoimento do próprio Lucas Lopes, sua participação na CMBEU foi além da de um mero técnico: atuou como um verdadeiro *lobbista* visando garantir os recursos para dar continuidade ao projeto de desenvolvimento de Minas Gerais. Por mais de uma vez, em seu depoimento ao Centro da Memória da Eletricidade – Cemel/Eletrobrás, o engenheiro declarou, de forma sutil ou abertamente, que lá trabalhou, sobretudo a favor dos projetos destinados ao seu Estado, Minas Gerais, onde foi peça-chave na criação da empresa pública local de energia elétrica, a Cemig. Tal postura denota um quadro de disputa, entre as regiões da federação, por recursos para a ampliação de suas respectivas capacidades instaladas de energia elétrica. Explicita, ademais, a falta de organicidade da burguesia, constituída a partir de interesses provincianos e não nacionais.

No depoimento, encontramos diversos indícios dessa atividade *lobbista* do engenheiro na CMBEU, visando a privilegiar os projetos de Minas Gerais. Segundo destacou Lucas Lopes, entre os primeiros projetos analisados pela Comissão estavam os de Minas Gerais:

> A Comissão Mista nunca teve recursos próprios, a não ser para manter o escritório. Ela estudava os projetos, que depois eram apresentados ao Eximbank para financiamento. E entre os primeiros projetos levados à comissão estava o de Salto Grande, de [Rio] Santo Antônio e Itutinga, da Cemig.[45]

---

44   Nivalde de CASTRO, *O setor de energia...* op. cit., p. 124.
45   CENTRO DA MEMÓRIA DA ELETRICIDADE NO BRASIL, Lucas

No mesmo depoimento, Lucas Lopes, ao ser questionado, pelo entrevistador do Cemel/Eletrobrás, se fazia *lobby* a favor dos projetos mineiros, responde categoricamente que só permaneceu "na Comissão Mista porque podia fazer *lobby* a favor dos projetos mineiros. Modéstia à parte, eram os projetos que me pareciam melhores para o Brasil."[46]

Ao ser questionado sobre a possibilidade de a Cemig ter sido favorecida pelo bom relacionamento existente entre o presidente Vargas e o governador de Minas Gerais, Juscelino Kubitschek, o engenheiro responde positivamente, embora saliente que a aprovação dos financiamentos dos projetos mineiros em caráter prioritário tenha ocorrido dentro dos trâmites legais, portanto, sem nenhuma interferência política por parte do presidente da República:

> Não tenho dúvida de que Juscelino encontrou no presidente Vargas apoio total. /.../ Mas desde o início a Cemig soube tirar partido do relacionamento dos dois governos para apresentar pedidos de financiamento adequados, no momento em que começaram a funcionar as organizações que encaminhavam esses pedidos. A Cemig foi uma das primeiras a apresentar projetos para aprovação pela Comissão Mista Brasil-Estados Unidos. Obteve financiamentos, mas nada aconteceu fora da rotina. Não houve decisões políticas especiais.[47]

O relato de Lucas Lopes destoa da narrativa do também dirigente da Cemig nos anos 1950, Mário Thibau, segundo o qual "não havia praticamente qualquer tipo de contato na esfera federal".[48] O exame dos telegramas trocados entre o presidente Getúlio Vargas e o governador Juscelino Kubistchek, bem como o exame do resultado final do relatório

---

Lopes... *op. cit.*, p. 120.
46 Idem., p. 121.
47 CENTRO DA MEMÓRIA DA ELETRICIDADE NO BRASIL, Lucas Lopes...*op. cit.*, p. 147.
48 Ligia M. M. CABRAL, (coord.), *Mauro Thibau*..., *op. cit.*, p. 145.

da CMBEU, demonstram, abaixo, que a interferência do governo federal em favor dos projetos industrializantes mineiros foi capital.

O surgimento da Cemig coincidiu com o segundo governo Vargas, que, desde o seu início, anunciou a necessidade de realizar grandes esforços para "romper os pontos de estrangulamento que entorpecem a marcha da economia nacional", sobretudo nos setores de infraestrutura, como energia elétrica. Foi em Minas Gerais, com a criação da Cemig, que a política de distribuição dos investimentos para companhias estaduais de energia elétrica, por parte da CMBEU, mais se evidenciou.

A Cemig foi criada em maio de 1952, após a chegada de Juscelino Kubitschek ao poder no estado de Minas Gerais. Tratava-se de um holding que controlava quatro centrais elétricas sob o regime de sociedade de economia mista, nas quais a participação majoritária na empresa cabia ao governo mineiro. Os recursos financeiros nacionais e empréstimos captados pelo BNDE no exterior, destinados aos projetos de expansão do setor de energia elétrica no Brasil, analisados pela CMBEU, deveriam beneficiar, igualitariamente, os estados nos quais as demandas fossem consideradas prioritárias. A documentação encontrada evidencia, no entanto, que os aportes favoreceram prioritariamente obras no setor elétrico do estado de origem de determinados representantes da seção brasileira da referida Comissão, como foi o caso de Minas, beneficiado pelo *lobby* de Lucas Lopes.

É possível inferir que o *lobby* realizado por Lucas Lopes a favor dos projetos mineiros funcionava. Isto porque, no relatório final da CMBEU, consta que a "Comissão Mista, em seu programa de energia, inclui parte dos dois projetos de Santo Antônio (Salto Grande) e Itutinga". O relatório da Comissão Mista indica a liberação de valores para os projetos da Usina de Salto Grande, no rio Santo Antônio:

> Para a terminação do projeto [Santo Antônio], a Comissão Mista recomendou um empréstimo de 16 milhões de dólares em moeda estrangeira, mais 200 milhões de cruzeiros do Banco do Desenvolvimento Econômico, que suplementará os recursos da própria Companhia [Cemig]. É óbvia a importância deste

projeto, com referência ao desenvolvimento econômico da região central de Minas Gerais, por isso que vai servir à cidade industrial (sic!), junto de Belo Horizonte, onde novas indústrias estão sendo instaladas, entre elas algumas de vulto, como a fábrica de tubos de aço sem costura da companhia alemã Mannesmann, futura consumidora de 50.000 kilowatts.[49]

O exame das circunstâncias do desenvolvimento dos projetos da usina de Itutinga – no Município de Itutinga – e da usina de Salto Grande merece destaque. Referente à usina de Itutinga, o projeto nº 11, da Companhia de Eletricidade do Alto Rio Grande – CEARG, do Grupo CEMIG, previa a construção de duas unidades geradoras com capacidade para, somadas, produzir 24.000 kw, cujo custo estava orçado em US$ 7,3 milhões.

Em um telegrama de 29 de abril de 1953, o então governador de Minas Gerais, Kubitschek, rogava ao presidente Getúlio Vargas a aprovação da revisão dos orçamentos das obras de construção da usina hidrelétrica de Itutinga:

> Com minha atenciosa visita, peço permissão V. Excia. para solicitar-lhe aprovação da revisão dos orçamentos das obras de aproveitamento hidráulico de Itutinga, que foram submetida à esclarecida consideração de V. Excia. através da exposição de motivos número 968, do ministro da Fazenda. Segundo informação que recebemos do Banco Internacional o contrato de financiamento estará em condições de ser assinado dentro de três semanas, dependendo, todavia, essa assinatura da aprovação de V. Excia. no tocante à garantia do Tesouro Nacional. Muito agradecerei a V. Excia. a atenção que dedicar a este assunto, que é de maior importância para o governo de

---

49   Relatório da CMBEU, tomo I, p. 314.

Minas, uma vez que se refere à construção da grande usina de Itutinga. Saudações atenciosas.[50]

A revisão dos orçamentos acima solicitada, por Juscelino Kubitschek,[51] foi concretizada. Na mensagem presidencial ao Congresso Nacional por ocasião da abertura das sessões legislativas do ano de 1954, o presidente Vargas, ao abordar o capítulo dos investimentos em energia elétrica, explicita o aval do governo federal à concessão de um empréstimo de US$ 7,3 milhões para o Estado de Minas Gerais pelo Banco Internacional de Reconstrução e Desenvolvimento (Bird), sugestionado anteriormente pelo relatório da CMBEU.[52]

O projeto de nº. 29, da Companhia de Eletricidade do Alto Rio Doce – CEARD, do Grupo CEMIG, referente à usina de Salto Grande, projetava a construção de quatro unidades geradoras com capacidade total de produção de 60.000 kw, com gasto calculado de US$ 15,9 milhões. Neste caso, o *lobby* mineiro contava com um trunfo específico: o presidente Vargas tinha um problema político complexo para resolver em relação às lideranças políticas e econômicas de Minas Gerais representado pela instalação da Companhia Siderúrgica Nacional no Rio de janeiro, anos antes, em detrimento de Minas Gerais.

Em sua campanha eleitoral para a presidência da república em 1950, havia, inclusive, reconhecido publicamente que tinha uma dívida com aquele estado e lhes prometera cumprir, incentivando ali a instalação de uma usina siderúrgica. No início do segundo governo Vargas, o grupo alemão Mannesmann procurou o presidente da república interessado em instalar uma indústria no Brasil. O presi-

---

50   Cf. Documento arquivado no CPDOC/FGV-RJ sob o registro GVc 1953.05.15.1 (textual).

51   É interessante observar que não encontramos no arquivo do CPDOC/FGV-RJ nenhuma documentação que demonstre tal intimidade de outros governadores como a que se revela na correspondência de Kubitschek com o presidente.

52   Cf. Mensagem ao Congresso Nacional por ocasião da abertura da sessão legislativa, em 15 de março de 1954. In: Getúlio VARGAS, *O governo trabalhista do Brasil*, vol. IV, p. 310 .

dente, então, aproveitou o ensejo e incentivou a Mannesmann a se instalar em Minas Gerais como forma de diminuir o desgaste político a que ele havia se submetido junto aos políticos mineiros. Por seu turno, o governador de Minas Gerais, Juscelino Kubitschek, garantiu ao presidente da república que podia atender os empresários alemães, pois realizava, naquele momento, um programa de eletrificação, do qual fazia parte a conclusão da usina de Salto Grande, no rio Santo Antonio, estrategicamente importante para atender ao projeto siderúrgico alemão. Assim, a usina de Salto Grande se tornou uma das prioridades entre os projetos inclusos no relatório da CMBEU no que se referia ao capítulo de projetos aprovados para receber recursos do Eximbank e do Bird, que evidentemente contavam com o aval do governo federal.[53]

Em um telegrama de 29 de julho de 1953, o governador Juscelino Kubitschek agradece a aprovação da operação de financiamento norte-americano para prosseguimento das obras de construção da usina hidrelétrica de Salto Grande:

> Tenho a satisfação de apresentar a V.Excia meus agradecimentos pessoais e do governo de Minas pela decisão que acaba de tomar, aprovando a operação de financiamento no Banco Internacional de Washington [Bird] para prosseguimento das obras de construção da Usina Hidro-elétrica de Salto Grande e de sua linha de transmissão. É ato que o povo mineiro recebe com justificado júbilo, porque possibilitará a rápida conclusão das obras daquela importante centralelétrica, que constitui um dos pontos fundamentais do programa de eletrificação de Minas. Atenciosos cumprimentos. Juscelino Kubitschek. Governador do Estado de Minas Gerais.[54]

---

53   Renato Feliciano DIAS (coord.), *A Eletrobrás e a história do setor de energia elétrica no Brasil: ciclo de palestras*, pp. 79-80; Ligia M. M. CABRAL, (coord.), *John Cotrim...*, op. cit., p. 179-182.

54   Cf. Documento arquivado no CPDOC/FGV-RJ sob o registro GV c

Realizados, tais projetos propiciariam um acréscimo de 84.000 kw na capacidade instalada de energia elétrica em Minas Gerais, com um custo de US$ 21,2 milhões. O kilowatt dos projetos mineiros custaria cerca de US$ 252,30. Do total de recursos previstos pela CMBEU (US$ 129,746 milhões) para o financiamento de projetos do setor elétrico, 16,5% seriam destinados ao Estado de Minas Gerais. Tal valor superava consideravelmente os 7,8% com o qual o projeto das Usinas Elétricas do Paranapanema S.A. (USELPA) – também de natureza pública estadual – seria contemplado pelo relatório da CMBEU, no estado de São Paulo. Seria essa situação uma evidência de que o lobby mineiro prejudicava os interesses de São Paulo? Examinaremos essa questão na unidade seguinte.

Por hora podemos afiançar que o exame da documentação revela que o estado de Minas Gerais, de fato, foi privilegiado no que se refere aos financiamentos para a expansão do setor de energia elétrica. Os recursos em moeda estrangeira destinados aos projetos aprovados no âmbito da CMBEU deveriam ser acompanhados, em contrapartida, por valores em moeda nacional. Tais valores eram oriundos, sobretudo, da arrecadação do Imposto Único de Energia Elétrica (IUEE), criado no segundo governo Getúlio Vargas. Após, o encerramento dos trabalhos da CMBEU e a consequente interrupção do envio de recursos externos, os valores arrecadados de IUEE se tornaram fundamentais para o andamento das obras de expansão do setor de energia elétrica no país. A tabela II.3 revela, de forma muito clara, a posição de Minas Gerais no interior das disputas regionais por recursos para a expansão do parque gerador naquele estado. Entre 1955 e 1962, do total dos recursos destinados aos estados brasileiros, ao estado de Minas Gerais foram destinados 12,8% destes recursos.

Isso colocava Minas Gerais na segunda posição como beneficiário de recursos do IUEE, perdendo apenas para São Paulo. Os mineiros, muito provavelmente beneficiados, não apenas pelo *lobby* na CMBEU, mas também pelo presidente Juscelino Kubitschek e por Lucas Lopes. Este foi primeiro como presidente do Conselho de Desenvolvimento e depois ministro da fazenda de Juscelino. Como se

---

1953.07.29/2 (textual).

observa na tabela mencionada, os recursos destinados a Minas Gerais eram superiores a soma dos recursos destinados aos três principais estados do Nordeste (Ceará, Pernambuco e Bahia), destino de 12,6% dos recursos do IUEE. A mesma situação ocorria quando se comparava a destinação de recursos de Minas Gerais em relação aos estados do sul do país. Neste caso, os mineiros também eram superiores, pois os sulistas somados alcançavam 12,4% dos recursos.

A superioridade de Minas Gerais era muito maior quando se comparava os recursos destinados aos principais estados do norte e do centro-oeste do país, que somados alcançavam 6,1% dos recursos, ou seja, menos da metade do que se dedicava a Minas Gerais. Nem mesmo o Rio de Janeiro, somado a Guanabara, era beneficiário de recursos do IUEE em maior quantidade do que Minas Gerais. Os dois estados eram destino de, no máximo, 10,5% dos recursos, durante o período mencionado.

Tabela II.3 – Recursos do Imposto Único sobre Energia Elétrica por estados (Cr$/milhões)

Unidades da Federação	Liberado	%	Transferido	%	A Disposição	%	TOTAL
Acre	1.235.213,10	91,566	113.780,70	8,434	-	0	1.348.993,80
Amazonas	7.626.081,70	51,147	3.092.367,00	20,740	4.191.575,20	28,113	14.910.023,90
Pará	15.498.268,40	73,960	5.019.797,30	23,955	436.663,90	2,085	20.954.729,60
Maranhão	7.271.017,30	33,930	13.158.390,70	61,405	999.669,30	4,665	21.429.077,30
Piauí	8.898.921,20	68,132	4.123.881,10	31,574	38.406,40	0,294	13.061.208,70
Ceará	12.855.404,10	41,078	12.302.601,60	39,311	6.137.339,80	19,611	31.295.345,50
Rio Grande do Norte	8.042.634,40	70,859	3.215.193,60	28,327	92.360,30	0,814	11.350.188,30
Paraíba	9.912.914,90	52,140	6.260.487,40	32,930	2.838.407,00	14,930	19.011.809,30
Pernambuco	16.437.250,30	33.190	12.054.211,30	24,340	21.033.461,30	42,470	49.524.922,90
Alagoas	5.226.165,80	43,067	3.650.710,50	30,084	3.258.039,30	26,849	12.134.915,60
Sergipe	3.399.482,90	43,873	3.559.827,40	45,942	789.190,60	10,185	7.748.500,90
Bahia	57.501.821,40	88,400	5.535.747,70	8,510	2.009.858,80	3,090	65.047.427,90
Minas Gerais	103.343.575,80	70,128	39.553.890,90	26,842	4.466.006,10	3,030	147.363.472,80
Espírito Santo	11.137.879,00	83,767	1.996.107,80	15,012	162.290,30	1,221	13.296.277,10
Rio de Janeiro	65.502.008,80	90,944	3.275.701,30	4,548	3.246.809,80	4,508	72.024.519,90
Guanabara	49.680.771,60	100,000	-	0	-	0	49.680.771,60
São Paulo	289.246.094,70	69,016	42.969.132,00	10,253	86.882.484,00	20,731	419.097.710,70
Paraná	38.901.271,00	81,626	7.770.890,30	16,306	985.765,80	2,068	47.657.927,10
Santa Catarina	19.549.707,80	69,598	7.422.354,80	26,424	1.117.529,90	3,978	28.089.592,50
Rio Grande do Sul	44.805.523,20	65,230	23.693.754,60	34,494	189.488,30	0,276	68.688.766,10
Mato Grosso	8.121.624,10	57,476	6.008.804,00	42,524	-	0	14.130.428,10
Goiás	13.845.859,00	65,213	7.152.021,60	33,685	233.900,10	1,102	21.231.780,70
Amapá	813.426,10	95,307	40.050,60	4,693	-	0	853.476,70
Rondônia	177.395,40	22,784	170.439,10	21,891	430.749,80	55,325	778.584,30
Roraima	113.797,00	29,276	274.909,40	70,724	-	0	388.706,40
TOTAL	799.144.109,00	69,425	212.415.052,70	18,453	139.539.996,00	12,122	1.151.099.157,70

Fonte: *Revista Águas e energia elétrica*, ano XIV, abril e junho de 1964, n°48 (Fundação Energia e Saneamento).

Como já foi aventado, durante a década de 1950, a Cemig foi responsável pela construção de várias usinas no estado de Minas Gerais, com destaque para a de Itutinga, construída no Rio Grande, cuja inauguração ocorreu em 1955, tendo sido ampliada posteriormente, e a de Salto Grande, construída no Rio Santo Antônio, inaugurada em 1956. Tais usinas foram erguidas por consórcios de empresas estrangeiras, visto que não havia empresas de construção civil capazes de atender a obras daquela envergadura no Brasil e a experiência brasileira em obras para o setor elétrico se limitava a pequenas usinas municipais. A única exceção foi a Chesf, que teve suas obras iniciadas em 1948 e, apesar de contar com a consultoria da empresa Sogreah, de Grenoble (França), tinha a direção, administração e engenharia das obras sob controle nacional.[55]

A Usina de Salto Grande foi construída pela Christiani-Nielsen, com projeto próprio, revisto pela Cemig, enquanto a de Itutinga foi feita com projeto da International Engineering, Co. e construída pela Morrison-Knusen, ambas norte-americanas.[56] É imperioso questionar: haveria alguma razão para a contratação de empresas estrangeiras executarem as referidas obras, além de sua superior qualificação técnica? Para Mauro Thibau, diretor da Cemig, a orientação para as contratações da Cemig era o preço, ou seja, "Era de onde vendessem mais barato".[57] No entanto, o depoimento de John Cotrim, também diretor da Cemig nos anos 1950, é muito claro em apontar a existência de um *jogo de cartas marcadas* que objetivava beneficiar determinados grupos de interesses – empresas de construção pesada e de produção de material elétrico estrangeiras – no processo de expansão do setor elétrico no Brasil e especialmente, naquele caso, em Minas Gerais:

> A usina de Itutinga, por exemplo, foi financiada pelo Eximbank, então, não só o equipamento era americano, como o empreiteiro e o projetista tinham de ser americanos. Por isso contratamos a Morrison Knu-

---

55 Milton VARGAS, "Construção de hidroelétricas", p. 164.
56 Ibid., p. 170.
57 Ligia M. M. CABRAL, (coord.), *Mauro Thibau...*, op. cit., p. 128.

dsen, uma companhia americana estabelecida no Brasil, que havia feito as obras da vale do Rio Doce e estava realizando grandes obras para a Light.[58]

Além do contundente depoimento de John Cotrim acima, podemos apontar como evidência do *jogo de cartas marcadas* que objetivava beneficiar determinados grupos de interesses no processo de expansão do setor elétrico, a própria documentação da Cemig. Um importante exemplo disso é o contrato de empréstimo firmado entre a Cemig e o Eximbank, em novembro de 1956, para a ampliação da capacidade geradora da usina de Itutinga. O contrato que previa um empréstimo de US$ 11.400.000,00 explicita, na sua cláusula segunda, a contratação, por parte da Cemig, das mesmas empresas de projeto e de construção, respectivamente, as norte-americanas International EngineeringCo. e Morrison-Knudsen.[59]

Neste mesmo diapasão podemos apontar o caso de fornecimento de material elétrico para a operação da Usina de Salto Grande, no Rio Santo Antonio. Neste empreendimento, não por coincidência, como examinaremos mais detalhadamente, o material elétrico foi municiado pela General Electric, empresa de origem estadunidense.

Demonstram-se, assim, outras características do *capital atrófico* no Brasil, quais sejam: em primeiro lugar, o Estado contrata empresas estrangeiras para construir as obras de expansão do setor elétrico; em segundo, capta recursos em bancos estrangeiros para realizar o pagamento de tais obras. Os estadunidenses garantiam, desta maneira, dupla fonte de lucro: pela exploração dos serviços propriamente ditos e pela remuneração do capital emprestado.

Em síntese, dois séculos depois do auge da mineração no período colonial, o deslocamento do eixo dinâmico da economia no estado de Minas Gerais, nos anos 1940 e 1950, da Zona da Mata para a Zona Metalúrgica, favoreceu à mineração voltar a ocupar lugar de destaque

---

58 Ligia M. M. CABRAL, (coord.), *John Cotrim...*, op. cit., p. 190.
59 Cf. Contrato entre Cemig/Export-Import Bank, República dos Estados Unidos do Brasil – Comarca da Capital, 1956, Nº de registro: 90001330. (AcervoCemig)

na vida econômica daquele estado. O incremento do setor mínero-metalúrgico e siderúrgico, especialmente a partir da segunda metade dos anos 1950, devido à mutação no padrão de acumulação do país, bem como à alteração no processo de integração do mercado nacional, dirigiu a área central de Minas Gerais, progressivamente, à categoria de espaço tendencialmente concentrador da atividade industrial, levando à especialização na fabricação de bens intermediários.

O domínio industrial de bens intermediários motivou a manifestação de uma nova fração da burguesia industrial mineira, que organizou um grupo aglutinador e elaborador de políticas econômicas estaduais *industrializantes*. O projeto de desenvolvimento de Minas Gerais e sua consequente relação com a expansão do setor de energia elétrica no estado *não* era dependente de poucas – embora decisivas – lideranças políticas de Minas Gerais. Ao contrário, traduzia a expressão de um *Pensamento Industrializante* mineiro com mais raízes na sociedade, como, por exemplo, a Federação das Indústrias de Minas Gerais, bem como a Associação Comercial e Empresarial de Minas. O *Pensamento Industrializante* significava a garantia da supremacia, gradativamente, a partir dos anos 1930, da tese de que o desenvolvimento do estado de Minas Gerais dependia, principalmente, do processo de industrialização. Além disso, o processo de industrialização era concebido sob a direção e o apoio do Estado no âmbito dos setores essenciais ao desenvolvimento econômico, do qual o setor de energia elétrica era um consistente exemplo.

A expansão da industrialização de Minas Gerais, todavia, esbarrava na escassez de energia elétrica. As concessionárias privadas, como a Companhia de Força e Luz de Minas Gerais, não realizavam novos investimentos por não concordarem com a legislação reguladora do setor, ou seja, o Código de Águas. Além disso, os serviços prestados por tais concessionárias eram monopolizados. Disto resultava, para elas, ser mais interessante o encarecimento de tarifas e consequentemente uma maior remuneração sobre os investimentos já realizados, do que ampliar a capacidade instalada de energia elétrica. Assim, o Estado ocupou papel fundamental no financiamento de empreitadas de geração e transmissão de energia elétrica, embora, sem alterar as concessões já garantidas às empresas estrangeiras no campo da distribuição de energia elétrica.

Com o objetivo de garantir os recursos para dar continuidade ao projeto de desenvolvimento de Minas Gerais, representantes da burguesia mineira, como Lucas Lopes, agiram como verdadeiros *lobistas* no interior da Comissão Mista Brasil-Estados Unidos. Se expressa, de tal modo, um quadro de disputa por recursos entre as regiões da federação para a ampliação de suas capacidades instaladas de energia elétrica. Explicita-se, ademais, a falta de organicidade da burguesia, constituída a partir de interesses provincianos e não nacionais.

Capítulo 3

*O setor elétrico paulista nos anos 1950:
crise e intervenção estatal*

Na unidade anterior examinou-se o projeto de desenvolvimento de Minas Gerais e sua consequente relação com a expansão do setor de energia elétrica no estado. Observou-se que dois séculos depois do auge da mineração do período colonial, ocorre o deslocamento do eixo dinâmico da economia do estado de Minas Gerais, nos anos 1940 e 1950, da Zona da Mata para a Zona Metalúrgica. Aquele deslocamento fez uma atividade relacionada à mineração voltar a ocupar lugar de destaque na vida econômica daquele estado. A expansão da industrialização mineira, todavia, esbarrava na escassez de energia elétrica. Observou-se também que, objetivando garantir os recursos para dar continuidade ao projeto de desenvolvimento de Minas Gerais, representantes da burguesia mineira, como Lucas Lopes, agiram como verdadeiros *lobistas* no interior da Comissão Mista Brasil-Estados Unidos. Destarte, algumas indagações se fazem necessárias: a) no contexto de acirramento de disputas político-econômicas federalizantes e regionais, como se dá a intervenção estatal em São Paulo no setor de energia elétrica, onde também havia crise de abastecimento? b) a estratégia mineira de *lobismo* prejudicou a destinação de recursos da CMBEU para a expansão do setor de energia elétrica em São Paulo?

Para responder a essas questões é necessário examinar, em primeiro lugar, um elemento fundamental da trajetória do setor de energia elétrica no estado de São Paulo: a presença das duas maiores concessionárias estrangeiras de energia elétrica nas fronteiras paulistas era peculiar por dois aspectos, ou seja, seu quilate para a economia do estado mais próspero da federação e sua consequente influência política.

Industrialização e as concessionárias estrangeiras de energia elétrica

Em São Paulo, durante décadas, as maiores concessionárias estrangeiras de energia elétrica (Grupo Light and Power e Grupo Amforp) prestavam seus serviços, sendo as detentoras da maior capacidade instalada de energia elétrica no país. Tomando como exemplo o Grupo Light and Power, tratava-se da maior empresa de capital estrangeiro agente no país, bem como foi, até o início dos anos 1960, a maior empresa de capital privado do Brasil. No setor elétrico brasileiro, a importância do Grupo Light and Power é ainda melhor dimensionada quando confrontamos sua capacidade instalada de energia elétrica com a de outros países da América Latina, onde apenas México e Argentina tinham capacidade instalada maior que a da Light. Esta, sozinha, controlava 15,7% da capacidade instalada total da América Latina.[1] No início dos anos 1950, no estado do São Paulo, o Grupo Light and Power atendia 3,4 milhões de habitantes, totalizando aproximadamente 1/3 da população total do estado, numa área de atuação que abarcava a capital e diversos municípios ao redor, bem como o vale do Paraíba. Esta área que concentrava a maioria das indústrias do país e, ainda, um sistema ferroviário com centenas de quilômetros de linhas eletrificadas era provida pela empresa canadense, cuja produção, em 1951, atingiu 1.057 kW por habitante ao ano.[2] Entre 1947 e 1962, a produção industrial no Brasil cresceu, em média, 9,6% ao ano, enquanto, a taxa média do produto industrial em São Paulo cresceu 11,8%.[3] O Grupo Light and Power representava 52,1% da capacidade instalada de energia elétrica no país, bem como 31,9% da capacidade instalada no estado de São Paulo.[4] Além disso, o consumo de

---

1   Nivalde de CASTRO, *O setor de energia elétrica...*, op. cit., p. 30. A capacidade instalada de energia elétrica na Argentina e México, respectivamente era de 2.609Mw e 1.930 Mw. No Brasil, o Grupo Light and Power controlava 1.565 Mw. Fonte: Nivalde de CASTRO, *O setor de energia elétrica...*, op.cit., p. 35.

2   Renato Feliciano DIAS, *Notas sobre o racionamento...*, op. cit., p. 35.

3   Ligia M. M. CABRAL, et alli. *Panorama do setor...*, op. cit., p. 170.

4   Nivalde de CASTRO, *O setor de energia elétrica...*, op.cit., p. 29.

energia elétrica do Grupo Light and Power, em São Paulo, havia chegado no início dos anos 1950 praticamente aos mesmos patamares.[5]

O Grupo Amforp em São Paulo era representado pela Companhia Paulista de Força e Luz (CPFL). No princípio dos anos 1950, a CPFL assistia a aproximadamente um terço do território do Estado de São Paulo, um total de 155 municípios, bem como dois municípios do Estado de Minas Gerais."[6] Tal área, compreendida por municípios no centro e no norte do estado, atendia a uma população de 2,8 milhões de habitantes e produziu 194 kW por habitante em 1951.[7]

Embora, o grupo Amforp controlasse diversas empresas em várias regiões do país, era no estado de São Paulo, por meio da CPFL, que seus negócios atingiam maior proporção, considerando os cinco maiores resultados em 1950. A capacidade instalada da CPFL representava 36,4% do total do grupo, seguida pela Cia. Brasileira de Força Elétrica de Niterói-RJ com 16,2% de participação, a Cia de Força e Luz de Minas Gerais de Belo Horizonte-MG com 9,8%, Cia Energia Elétrica Light Rio Grandense de Porto Alegre-RS com 9,8% e a The Pernambuco Tramwayand Power Co. Ltda de Recife-PE com 8,9%.[8]

A ação das concessionárias estrangeiras de energia elétrica para manter seus privilégios na área economicamente mais importante do país se caracterizou por diversos expedientes como a infiltração de seus funcionários em instâncias decisivas de poder, como ocorreu na Constituinte de 1933 e aconteceria novamente na de 1946.[9] Durante o Estado Novo, um lobby bem-sucedido promovido pelo maior executivo da Light no Brasil na época, Ken McCrimmon, conseguiu impedir a averiguação da contabilidade da Light durante anos, até que, em 1943, tal exigência legal foi revogada por decreto.[10]

---

5   Nivalde de CASTRO, *O setor de energia elétrica...*, op.cit., p. 31.

6   CPFL, *Energia e Desenvolvimento: 70 anos da Companhia Paulista de Força e Luz*, p. 92

7   Renato Feliciano DIAS, *Notas sobre...*, op. cit., p. 35.

8   Nivalde de CASTRO, *O setor de energia elétrica...*, op.cit., p. 63.

9   Cf. José Carlos RUI, (As costas largas da light). In: A. Veiga FIALHO (org) *Compra da Light: o que...* op. cit.,p.36

10   Ver: Ricardo MARANHÃO, *McCrimmon o jeitinho brasileiro na direção*

Já nesta época a *Light* era denunciada por ação monopolizadora. O deputado Eusébio Rocha, do Partido Trabalhista Brasileiro (PTB-SP), no texto de justificação do projeto de sua autoria que sugeria a encampação de empresas da concessionária canadense, ao aludir o caso dos obstáculos criados por esta à construção da Usina de Salto, ressalta que a *Light*, com o intuito de afastar um concorrente, obstruiu a construção da Usina de Salto, embora não tivesse capacidade para fornecer a energia necessária para os consumidores daquela região do interior paulista.[11]

Tais práticas monopolistas não se restringiam, no entanto, ao afastamento do concorrente pela interferência junto aos poderes públicos. Sua ação incluía também atos de sabotagem. O depoimento do engenheiro Catullo Branco[12] é de grande importância para ilustrar tais acusações contra a concessionária canadense. No início da década de 1940 do século XX, a crise de energia elétrica afetava todo o estado de São Paulo. Naquele momento, a Estrada de Ferro Sorocabana, para garantir sua necessidade de abastecimento de energia elétrica, pretendia construir uma usina própria no Rio Capivari, a partir de um projeto do engenheiro Catullo Branco (Projeto Capivari-Monos).

No entanto, a construção da Usina de Capivari-Monos, na Serra do Mar, se constituiria em uma ameaça ao monopólio da *Light and Power* no fornecimento de energia elétrica àquela companhia ferroviária. Assim, recordou o engenheiro que, logo que o projeto piloto da Usina de Capivari-Monos começou a funcionar, ocorreu uma enchente, prejudi-

---

da *Light*.
11   Cf. Justificação do Projeto n.º 4.455, de 1954. In: ANAIS DA CÂMARA DOS DEPUTADOS, Sessões Ordinária e Extraordinárias Noturnas, 2 a 8 de junho de 1954, p. 191.
12   Formado pela Escola Politécnica de São Paulo, o engenheiro Catullo Branco pertenceu aos quadros da Secretaria de Obras Públicas do Estado de São Paulo durante trinta anos (1928-58). Era especialista em energia hidrelétrica e como tal participou de projetos importantes, como o da Usina de Caraguatatuba, no município de Caraguatatuba, desenvolvido em 1938, e o da Usina de Barra Bonita, no município de Barra Bonita, de 1942. Foi eleito pelo Partido Comunista Brasileiro, em 1946, como deputado constituinte. Durante toda a sua vida atuou de forma intensa contra os interesses do capital estrangeiro, que no setor de energia elétrica eram representados pela *Light and Power* e pela Amforp.

cando o seu funcionamento. Segundo ele, para a população da região, a enchente teria sido provocada pela *Light and Power*, com a abertura das comportas da sua represa. Denuncia ainda, em seu relatório, que não foi possível provar que a empresa estrangeira tentou destruir a Usina de Capivari-Monos, pois a fiscalização enviada para o local da ocorrência produziu um relatório que acabou por isentar a *Light* de qualquer responsabilidade no caso.[13]

Em suma, a robusta presença política das concessionárias estrangeiras de energia elétrica, como a Light and Power, nos bastidores expressa uma das facetas da peculiaridade do desenvolvimento *hipertardio* brasileiro, no contexto do capitalismo internacional de caráter imperialista e monopolista. A ação agressiva para a manutenção dos monopólios, a ineficaz ação do Estado para coibir tal iniciativa, a impossibilidade da denúncia, a impunidade dos agentes bem como o isolamento em que se viam os funcionários-chave envolvidos na questão denotam a fragilidade das instituições governamentais, que acabavam por ficar à mercê do imperialismo internacional, especialmente em São Paulo, do poder político da Light and Power. A vulnerabilidade das instituições governamentais no que se refere ao setor elétrico determinou a relação destas com as concessionárias estrangeiras no auge da crise de abastecimento de energia elétrica em São Paulo, optando com elas pactuar, fato que será retomado adiante.

Neste contexto, se consolidava um grande avanço do desenvolvimento capitalista em São Paulo, que ocorria há decênios, registrando-se as mais altas taxas de crescimento industrial e urbano do Brasil. Como já demonstrou José Carlos Pereira, historicamente, o município de São Paulo e as regiões próximas eram os principais favorecidos pelos elementos e condições que beneficiaram o nascimento do processo de industrialização do Brasil. Entre as condições, tal autor enumera a cafeicultura, que permitiu expressiva acumulação de capital, e a criação de importante mercado interno; a imigração europeia, que proporcionou a mão de obra para a indústria em expansão entre fins do século XIX e início do século seguinte; a comunicação, por meio de estradas e, sobre-

---

13   Apud ZillahMurgel BRANCO, *Catullo Branco: um pioneiro*, p. 27-8.

tudo, ferrovias que escoavam o até então mais importante produto de exportação brasileiro; e a energia.[14]

Antes de 1920, a produção paulista se limitava a bens de consumo essenciais, especialmente as indústrias têxteis. A partir de 1920, ocorre significativo desenvolvimento industrial da "Grande São Paulo". Nesta década houve a fundação do maior número de estabelecimentos industriais em São Paulo. Foi também a década de racionalização do trabalho, intensa mecanização e, sobretudo, aperfeiçoamento tecnológico que propiciou, gradativamente, a elevação da produtividade. A produção de matérias-primas e gêneros alimentícios se estabelecia como a atividade econômica mais conveniente. Da crise de 1929 até a Segunda Guerra Mundial, a indústria recebe fortes incentivos para se expandir. Neste período, as indústrias de bens de produção foram atingidas favoravelmente, das quais são exemplos: mecânicas, metalúrgicas, químicas e farmacêuticas.

Na década de 1940, o desenvolvimento das atividades industriais mantém-se relevante. Durante esse período, constituíram-se a maioria das indústrias mecânicas, um terço das indústrias metalúrgicas e um quarto das indústrias de material elétrico e de comunicação existente no fim dos anos 1950. Nesse período, há que se destacar, ainda, o incremento de indústrias de material de transporte e de autopeças. A década de 1950 é o período de menor expansão relativa do parque industrial. A grande importância desse período advém de uma real mutação qualitativa do parque industrial. As novas indústrias eram muito mecanizadas e as antigas são submetidas a significativos acréscimos, bem como reaparelhamento.

Tal alteração qualitativa do parque industrial está relacionada, extraordinariamente, à grande ampliação dos setores de material elétrico, de comunicação e material de transporte. Na década de 1950 foram criadas 72% das indústrias de material elétrico e de comunicação e 64% das indústrias de material de transporte.[15]

---

14   José Carlos PEREIRA, *Estrutura e expansão da indústria em São Paulo*, pp. 10-6.
15   José Carlos PEREIRA, *Estrutura e expansão...*, op. cit., p. 16-33.

Em resumo, ocorria em São Paulo, de forma mais acentuada, ao longo dos anos 1950, sobretudo, uma mudança no padrão de acumulação: entre 1940 e 1959, a produção paulista de bens de consumo não-duráveis declinou de 55,5% para 39,6%, enquanto a produção de bens de capital e de consumo duráveis se elevou de 10,8 para 24,8%.[16] Os setores industriais desenvolvidos, neste período, apresentavam um grau de demanda por energia elétrica superior aos setores até então predominantes, gerando um acréscimo de consumo daquele insumo. Ao examinarmos a estrutura de consumo de energia elétrica da indústria brasileira entre 1940 e 1960 – concentrada, sobretudo, em São Paulo, como já foi aventado –, observamos que o consumo de setores como Metalúrgica cresceu 2.483,2%, o de Mecânica cresceu 355,1% e o de Química e Farmacêutica cresceu 1.943,2%.

Enquanto setores como o de Material Elétrico e de Comunicações cresceram 439,9%, o de Material de Transporte cresceu 619,2%, entre 1950 e 1960, quando tais setores foram implantados.[17] Ao compararmos o consumo industrial de energia elétrica, durante os anos 1950, em São Paulo, com o estado de Minas Gerais, bem como o restante dos estados brasileiros, temos a demonstração da magnitude da concentração industrial em São Paulo, bem como da elevada demanda por energia elétrica.

As tabelas II.1 e II.2 ilustram essa questão: entre 1951-1955, o estado de São Paulo foi responsável por 63% do consumo industrial de energia elétrica, enquanto o estado de Minas era responsável por 5% e todos os outros estados, juntos, eram responsáveis por 32%. Entre 1956-1960, esse panorama pouco se alterou, pois os paulistas consumiram 60% da energia voltada para as indústrias; os mineiros 12% e os outros estados consumiram 28%. Evidentemente, a elevação significativa de consumo industrial por parte dos mineiros, na segunda metade dos anos 1950, se relaciona com a sua introdução no novo padrão de acumulação da economia brasileira, subsidiada pela energia fornecida pela CEMIG. No entanto, é relevante enfatizar que as indústrias paulistas

---

16   Wilson CANO, *Desequilíbrios regionais e concentração...*, op. cit., p. 85.
17   Nivalde de CASTRO, *O pacto de clivagem no setor de energia elétrica no Brasil: 1945-1962*, p. 90.

continuavam consumindo, em média, mais de 60% da energia elétrica produzida pelo país.

Neste quadro de vigorosa elevação do consumo de energia elétrica nas regiões mais industrializadas como São Paulo, devido, sobretudo, à mudança do padrão de acumulação, outros fatores incrementavam tal consumo: o crescimento urbano, vinculado à industrialização e ao consumo de bens de consumo duráveis. Portanto, observava-se, de um lado, o processo de urbanização, com a expansão imobiliária que gerou o surgimento de novos bairros nas cidades, muitos deles contando com grande número de edifícios que necessitavam de energia elétrica para atender aos elevadores. Ademais, esses novos bairros geravam acréscimo considerável de consumo de energia elétrica para o funcionamento de serviços públicos fundamentais, a exemplo de iluminação, aquecimento, elevação de águas e operação de sistemas de esgotos, bem como do tráfego suburbano ferroviário e de bondes.

As tabelas II.1 e II.2 demostram que o estado de São Paulo consumiu, ao longo dos anos 1950, mais de um terço de toda a energia consumida pelo Brasil no quesito iluminação pública. Por outro, havia ainda a significativa expansão da utilização de bens de consumo duráveis, sobretudo eletrodomésticos diversos, que necessitavam de energia elétrica para funcionar. É possível apurar esta mudança no comportamento dos consumidores devido à expressiva diminuição na importação de bens de consumo duráveis. O incremento dessa expansão favoreceu a implantação, no Brasil, de empresas como Walita, Brasmotor e Arno, o que acabou contribuindo para expressiva redução de importação de bens de consumo duráveis. Por exemplo, enquanto em 1950 importou-se 27.986 geladeiras, em 1951 esse número reduziu-se a 1.254 unidades. No caso dos rádios-vitrola as 5.768 unidades importadas em 1951 caíram para zero em 1953.[18] Nesse quesito, os paulistas também lideravam o consumo de energia elétrica, pois, como confirmam as tabelas II.1 e II.2, o consumo médio dos domicílios alcançou 44,5% durante a década de 1950.

---

18   Nivalde de CASTRO, *O Pacto de clivagem...*, op. cit., p. 91.

Em suma, a introdução do novo padrão de acumulação no Brasil e, como decorrência dele, a introdução de alterações no processo de industrialização, bem como de incremento no processo de expansão urbana, induziam ao que se chamou de "choque de demanda".[19] Assim, as taxas históricas de demanda por energia elétrica mudam de nível elevando-se consideravelmente.

Em São Paulo, em fins dos anos 1940 e início dos anos 1950, o "choque de demanda" deveria ser acompanhado por um respectivo "choque de oferta". No entanto, isso não ocorreu e a crise do setor de energia elétrica atingiu níveis alarmantes. Por que isso aconteceu? O exame da atuação do grupo Light and Power em São Paulo pode colaborar significativamente para responder a esta pergunta.

O grupo Light and Power atuava na cidade de São Paulo e nos municípios adjacentes desde o início do século XX. Organizou um sistema elétrico que foi crescendo e progressivamente tornando-se complexo e interligado. Tal tarefa foi realizada por meio do aproveitamento do potencial hidráulico das áreas de concessão. O grupo Light and Power em São Paulo contava com um sistema elétrico, cuja capacidade instalada era concentrada na usina de Cubatão. O crescimento e a interligação do sistema elétrico da Light and Power em São Paulo geravam importantes ganhos de produtividade e, consequentemente, elevados lucros, porque a elevação da capacidade instalada de energia elétrica ocorria próxima aos centros consumidores. No fim dos anos 1940 e início dos anos 1950, o potencial hidráulico circunscrito à área de concessão da Light and Power estava praticamente esgotado. Destarte, a ampliação da oferta de energia elétrica só ocorreria com a expansão da chamada "fronteira elétrica". Por outras palavras, era necessário explorar novos recursos hidráulicos em regiões mais distantes da capital paulista e adjacências. Como efeito, ocorreria a elevação dos custos de instalação de potencial elétrico, dada a dimensão das novas usinas a serem construídas, bem como das linhas de transmissão muito mais extensas devido à distância dos mercados consumidores.[20]

---

19 Idem., p. 83.
20 Nivalde de CASTRO, O Pacto de clivagem..., op. cit., p. 119.

No início da década de 1950, os concessionários dos serviços de eletricidade estabelecidos no Brasil, como a Light and Power, argumentavam não dispor de capital suficiente para realizar os investimentos obrigatórios para atender às necessidades de expansão porque a legislação reguladora do setor elétrico, consubstanciada no Código de Águas, dentre outras coisas, controlava a majoração das tarifas de energia elétrica inadequadamente.

Em diversos momentos, os representantes do pensamento privatista se manifestam em oposição à legislação reguladora do setor de energia elétrica, como expressam, por exemplo, as palavras do representante da Federação das Indústrias do Estado de São Paulo, no Conselho Estadual de Águas e Energia Elétrica, Aldo M. Azevedo, para quem a omissão da iniciativa privada era resultante das condições desfavoráveis impostas pela legislação.[21] O empresário paulista afirmou, ainda, que o Código de Águas continha dispositivos "perniciosos e desestimuladores da iniciativa privada".[22] Assim, para alguns representantes do empresariado, como o ex-prefeito da capital paulista, na década de 1930, Francisco Machado de Campos, era necessário realizar "alterações na atual legislação de serviços públicos, de acordo com as sugestões elaboradas pelas associações de classe representativas da indústria, comércio e agricultura do Estado de São Paulo e pelo Conselho Nacional de Economia".[23] A crise do setor de energia elétrica no estado de São Paulo não poderia ser enfrentada, portanto, por meio da intervenção estatal. Segundo o economista, Luiz Mendonça de Freitas:

> Um plano é altamente desejável na situação atual [crise de abastecimento de energia elétrica] e mesmo o estabelecimento de um programa a longo prazo.

---

21 Cf. Revista *Digesto Econômico*. Associação Comercial de São Paulo e Federação do Comércio do Estado de São Paulo. N° 102, ano IX, Maio de 1953, p. 100 (Acervo – FEA/USP).

22 Cf. Revista *Digesto Econômico*. Associação Comercial de São Paulo e Federação do Comércio do Estado de São Paulo. N° 114, ano X, Maio de 1954, p. 106 (Acervo – FEA/USP).

23 Cf. Revista *Digesto Econômico*. Associação Comercial de São Paulo e Federação do Comércio do Estado de São Paulo. N° 106, ano IX, Setembro de 1953, p. 18 (Acervo – FEA/USP).

O que é censurável é que o governo queira, baseado no clamor público que se levanta na região mais desenvolvida do país, forçar a aprovação de um programa no qual não há perspectivas para uma maior participação do capital particular, e no qual o Estado empenharia a capacidade contributiva da economia nacional sem atender para o fato de que não é este o setor que exige a sua participação pois pode ser atendido de outra forma.[24]

A despeito de toda a crítica à legislação reguladora do setor elétrico, bem como do intervencionismo estatal, é sabido que, na realidade, as concessionárias estrangeiras de energia elétrica não se interessavam mais em realizar investimentos no setor devido a diversos fatores, como, por exemplo, suas discordâncias em relação à legislação vigente.[25] É sabido também que aquelas empresas atendiam a áreas monopolizadas, sendo-lhes mais lucrativo cobrar mais caro por aqueles serviços ao invés de expandi-los. Evidência disso é que, entre 1940-1960, enquanto a produção cresceu em torno de 5,4 vezes, a capacidade instalada cresceu 2,9 vezes.[26] Ademais, operavam, entre 1940-1960, em seus sistemas elétricos, como era o caso da Light and Power, com "fatores de carga" bastante in-

---

24 Cf. Revista *Digesto Econômico*. Associação Comercial de São Paulo e Federação do Comércio do Estado de São Paulo. Nº 108, ano IX, Novembro de 1953, p. 88. (Acervo – FEA/USP)

25 As concessionárias estrangeiras como a Light and Power constantemente responsabilizavam o Código de Águas pela redução do ritmo de capacidade instalada de energia elétrica. Contudo, como demonstrou Barbosa Lima Sobrinho, entre 1903 e 1934 (data da edição do Código) a média de potência instalada ao ano foi de 28.333 kW; sendo essa média de 1934 a 1957, 126.843 kW. Observa-se que o Código de Águas, cuja aplicação foi praticamente nula durante esse período, não atrapalhou em nada a expansão do setor de energia elétrica. Ver: Barbosa LIMA SOBRINHO, "Prefácio" In: Catullo BRANCO, *Energia Elétrica e Capital Estrangeiro no Brasil*, p. 15-6. Sobre o tema ver ainda Nivalde de CASTRO, *O setor de energia elétrica...*, op. cit., p. 3-4.

26 Nivalde de CASTRO, *O setor de energia elétrica...*, op.cit., p. 107.

teressantes, nunca inferiores a 64,5, consequentemente potencializando seus lucros.[27]

Paralelamente ao desacerto entre demanda e oferta de energia elétrica, ocorreu um declínio importante dos indicadores pluviométricos na área de concessão da Light and Power, o que agravou ainda mais a situação do atendimento aos consumidores de energia elétrica no início dos anos 1950.

Ao longo dos anos 1950, ocorreram severas medidas de racionamento de energia elétrica na cidade de São Paulo e adjacências, ao contrário da década anterior, quando as medidas de racionamento se limitavam ao interior paulista. Tais medidas assumiram uma proporção dramática por atingirem o centro industrial mais importante do país, como já foi mencionado. Certificando a exaustão da capacidade de seu sistema elétrico, a Light and Power, em 1950, encaminhou pedido de racionamento de seus abastecimentos ao Conselho Nacional de Águas e Energia Elétrica (Cnaee).[28]

O Cnaee solicitou a apreciação do requerimento ao Instituto de Serviços Públicos (ISP). Assim, foram consultados o Conselho Estadual de Energia Elétrica, a Secretaria de Viação e Obras Públicas, os departamentos da Produção Industrial, da Secretaria do Trabalho, Indústria e Comércio e de Serviços Municipais da Prefeitura de São Paulo e, ainda, da Associação Comercial e da Federação das Indústrias de São Paulo (Fiesp). Os membros do Cnaee vistoriaram as instalações da Light na Usina de Cubatão, no município de Cubatão, e constataram abalos no funcionamento habitual do sistema nas horas de carga máxima de demanda. Deste modo, o Cnaee resolveu expedir a Resolução nº 561 de 27 de janeiro de 1950, recomendando a admissão de medidas preventivas paralelamente à inauguração de um novo programa de ampliação gradativa de transmissão, produção e distribuição de energia elétrica para o sistema da Light em São Paulo, que deveria ser anunciado no prazo

---

27   Nivalde de CASTRO, *O setor de energia elétrica...*, op.cit., p. 106.
28   Renato Feliciano DIAS, *Notas sobre...*, op. cit., p. 48.

máximo de 180 dias, incluindo a previsão de complementação por reserva termelétrica.[29]

O racionamento de energia elétrica na área de concessão da Light and Power em São Paulo foi imposto a todos consumidores, ressalvados hospitais, casas de saúde, serviços de saneamento, indústrias alimentícias, laboratórios de pesquisas biológicas e de medicamentos, que deveriam, contudo, diminuir espontaneamente o seu consumo. A execução e inspeção das medidas de racionamento, bem como as penas aos transgressores, que incluíam a advertência até a interrupção do fornecimento de energia elétrica por tempo indeterminado, foram confiadas à Inspetoria de Serviços Públicos, assim como nos anos 1940.[30]

Em junho de 1953, a população foi advertida pelo DAEE de que existia uma significativa ameaça de colapso do sistema hidrelétrico da Usina de Cubatão – controlada pela Light and Power. Diante da advertência de esgotamento do sistema elétrico da companhia canadense, o DAEE conclamava a população a colaborar com as medidas de racionamento de energia elétrica e anunciava a disposição de efetivar as medidas de punição contra os violadores das ações de economia de energia elétrica.[31] A documentação examinada nesta pesquisa revela que os consumidores da indústria e do comércio tinham dificuldade em atender as solicitações do DAEE por economia de energia elétrica na capital paulista e adjacências: em agosto de 1952, 78 empresas foram notificadas com advertências por descumprir determinações do racionamento de energia, estando entre essas empresas muitas farmácias e açougues.[32] Em outubro de 1953, nove empresas foram punidas com corte de um dia de fornecimento de energia.[33]

No ano seguinte, em abril, o mesmo ocorreu com outras seis empresas.[34] Ainda em 1954, no mês de maio, mais sete empresas foram

---

29 Renato Feliciano DIAS, *Notas sobre...*, op. cit., p. 48-9.
30 Idem., p. 49.
31 Cf. Jornal *O Estado de São Paulo*, 21/06/1953, p. 18.
32 Cf. *Diário Oficial do Estado de São Paulo*, 28/08/1952.
33 Cf. *Diário Oficial do Estado de São Paulo*, 03/10/1953.
34 Cf. *Diário Oficial do Estado de São Paulo*, 04/04/1954.

sujeitas a este tipo de punição.[35] E como comprova um comunicado do DAEE de setembro de 1954, as medidas de punição aos consumidores se tornavam mais severas na medida em que a crise do setor de energia elétrica se agudizava. Naquele mês, aquele órgão público informou aos consumidores que a fiscalização estava sendo intensificada objetivando apurar os abusos no consumo de energia. Informava ainda que os cortes de energia até então realizados por um dia, passariam a ser realizados por dois dias, portanto, mais rigorosos.[36]

O serviço de iluminação pública sofreu limitações como o atraso de sua ativação e a aceleração de desligamento. Recomendou-se a supressão da iluminação de monumentos e a redução da iluminação em jardins e vias públicas, sem que fosse prejudicada a segurança pública. Várias providências foram recomendadas para obstar a iluminação de vitrines, cartazes e fachadas comerciais, assim como se devia evitar a iluminação de festas e de eventos esportivos. Concedeu-se, ao comércio, indústria, residências, repartições púbicas e serviços industriais do estado, uma cota de acordo com o maior consumo verificado em 1949. Recomendava-se, ainda, o emprego de geradores termelétricos às repartições públicas e às fábricas que possuíssem tais recursos. Os novos consumidores passaram a ser atendidos pela Light and Power de acordo com regras preparadas pela Inspetoria de Serviços Públicos e acatadas pelo Cnaee.[37]

A cidade de Ribeirão Preto, localizada no nordeste do Estado de São Paulo, era um significativo exemplo das consequências do racionamento de energia elétrica. Ali, os cortes de fornecimento foram ampliados, em abril de 1953, para três horas diárias, exceção feita aos domingos e feriados. As interrupções no abastecimento de energia elétrica abrangiam a iluminação de fachadas, marquises, mostradores, anúncios luminosos e praças esportivas, dentre outros. Além disso, os motores, em indústrias, por exemplo, deviam ser desligados entre 18h30 e 21h30, às terças-feiras, quintas-feiras e aos sábados.[38]

---

35   Cf. *Diário Oficial do Estado de São Paulo*, 17/05/1954.
36   Cf. *Diário Oficial do Estado de São Paulo*, 09/09/1954.
37   Renato Feliciano DIAS, *Notas sobre...*, op. cit., p. 50.
38   Cf. Jornal *O Estado de São Paulo*, 25/04/1953, p. 11.

Na capital paulista, nos momentos de estiagem mais rigorosa, a situação se agravou, como foi o caso do período entre 1953 e 1955. Nele, o racionamento se tornou uma rotina. As interrupções no fornecimento de energia atingiam muitas horas e se davam muitas vezes sem nenhuma advertência precedente. Isso fica evidenciado pelas manifestações da imprensa, pois, em agosto de 1953, um articulista de jornal – que se declarava desprovido de qualquer antipatia pelo papel representado pela Light and Power na economia brasileira – afirmou que a empresa canadense era pouco criteriosa quando se tratava de executar os cortes de energia. Segundo o colunista, o fornecimento de energia era interrompido "na altura do dia em que bem quer, pelo prazo que bem entende, sem nenhum aviso prévio".[39] Nada obstante, as limitações na oferta de energia elétrica aconteciam em gradações, até mesmo em períodos em que a estiagem não ocorria, o que demonstrava que a capacidade instalada das usinas da Light anda Power não era satisfatória.[40]

A discrepância entre a oferta e a demanda de energia elétrica na área de concessão da Light and Power em São Paulo foi mitigada pelo estabelecimento, por parte das indústrias, de geradores particulares. Os industriais achavam que seriam atendidos pelas concessionárias dentro de um prazo razoável. A instalação de geradores particulares foi muito significativa na primeira metade dos anos 1950. Os industriais paulistas instalaram, em 1954, 20% da potência instalada do sistema Light and Power no formato de geração particular diesel.[41] A posição da indústria paulista, naquele momento, pode ser realçada pela quantidade de solicitações de ligações de energia elétrica para fins industriais arquivadas, numa soma maior que 100 mil kW, comprometendo o andamento da produção.[42] Apesar de todas as medidas de economia de energia, bem como de iniciativas das indústrias para criar alternativas para o seu consumo de energia elétrica, o DAEE temia a necessidade de implementação de novas e drásticas medidas de racionamento.[43]

---

39 Cf. Jornal *O Estado de São Paulo*, 04/08/1953, p. 3.
40 Ligia M. M. CABRAL, et alli. *Panorama do setor...*, op.cit., p. 171.
41 Ligia M. M. CABRAL, et alli. *Panorama do setor...*, op.cit., p. 172
42 Renato Feliciano DIAS, *Notas sobre...*, op. cit., p. 52.
43 Cf. Jornal *O Estado de São Paulo*, 18/07/1954, p. 21.

Embora, a carência de energia elétrica acarretasse desconforto e prejuízos para os consumidores desde os anos 1940[44], as medidas de racionamento de energia elétrica que dela decorreram propiciaram à Light and Power, durante os anos 1950, empregar seus equipamentos em maior grau, ampliando seu fator de carga e, dessa forma, ampliando a sua lucratividade.[45] O diretor do DAEE, em 1952, Otávio Ferraz Sampaio, declarou-se contra, por exemplo, a proposta de trabalho noturno para as crianças e menores de idade. Para o dirigente do DAEE, a proposta era inadmissível.[46] No entanto, muitas empresas, premidas pela falta de oferta de energia elétrica nos horários de pico, chegaram a adotar tal proposta.

O racionamento de energia elétrica prejudicava os negócios industriais e provocava a animosidade da população paulista contra a Light. Esta, como já observou o historiador Ricardo Maranhão, buscou minorar os efeitos da redução do consumo de energia elétrica por parte dos consumidores: ao confirmar seu empréstimo junto ao Banco Mundial, em 1948, instalou mais três unidades de geração[47] na Usina de Cubatão, adicionando-lhe mais 195 mil kW.

Iniciou, em 1952, a construção da usina subterrânea de Cubatão, cujas primeiras unidades geradoras só entrariam em funcionamento em 1956. Num quadro de agravamento do abastecimento e de estimável retardamento para a operação da usina subterrânea de Cubatão, e diante da coação dos consumidores e dos órgãos públicos, a Light and Power decidiu construir a usina termoelétrica no bairro de Santo Amaro, na capital paulista, intitulada Piratininga, mantida por óleo bombeado da refinaria de Cubatão. Tal empreendimento foi inaugurado em 1954, contando com dois geradores[48] de 100 mil kW de potencialidade má-

---

44   Ver: Renato Feliciano DIAS, *Notas sobre...*, op. cit., p. 39-48.
45   Nivalde de CASTRO, *O Pacto de clivagem...*, op. cit., p. 84.
46   Cf. *O Estado de São Paulo*, 6/03/1952. (acervo Fundação Energia e Saneamento)
47   As unidades geradoras da ampliação da Usina de Cubatão foram fornecidas pela General Eletric.
48   Os geradores da Usina de Piratininga foram fornecidos pela GE, Revista G.E, Julho de 1954, Volume 1, nº 4, p. 22.

xima.[49] Inaugurada em um contexto de baixos índices pluviométricos, a usina de Piratininga necessitou ser ampliada a partir de 1957, tendo suas obras de ampliação concluídas em 1960, quando entraram em funcionamento as suas duas últimas unidades geradoras, que elevaram sua potencialidade final para 450 mil kW.[50]

Durante o período de expansão da Usina de Piratininga ocorreu uma intensa controvérsia entre o engenheiro Dagoberto Salles e o governador Jânio Quadros. Para o engenheiro, o governador era um agente da Light e cometia um "crime" em favor de seus interesses, pois as ampliações de Piratininga geravam a necessidade de consumo elevado de óleo diesel e este provocava a necessidade de gastos de reservas cambiais.[51]

É imperioso salientar que as obras de ampliação da capacidade instalada da Light, diante da crise de energia que ameaçava a todos com a penumbra, não ocorreram com recursos próprios. A Light and Power contou com vigoroso apoio do Estado. O relatório anual da Light and Power de 1959 advertia que:

> A São Paulo Light oficiou o governo do estado, informando que se encontra na contingência de suspender as obras de ampliação das usinas de Cubatão (Secção Subterrânea) e Piratininga, a menos que seja solucionada a solicitação de financiamento feita ao BNDE. O governador [Janio Quadros] fez, a respeito, recomendação favorável.[52]

O exame da documentação corrobora a coação – dada a importância econômica do sistema elétrico sob concessão em São Paulo – perpetrada pela empresa canadense para obter empréstimos junto ao BNDE, bem como obter aval deste para empréstimos junto a ins-

---

49   Ricardo MARANHÃO, *Estado e capital privado...* op. cit., p. 391.
50   Ligia M. M. CABRAL, et alli. *Panorama do setor de energia elétrica no Brasil*, p. 174.
51   Cf. Jornal *O Estado de São Paulo*, 5/4/1956. p. 4.
52   São Paulo Light S.A Serviços de eletricidade. Relatório anual do diretor superintendente geral 1959, p.107.

tituições financeiras internacionais, objetivando as ampliações de suas instalações, mais especificamente nos casos de ampliação da usina de Piratininga e da Usina de Cubatão II.

No dia 5 de abril de 1960, o contrato entre a Light and Power e o BNDE foi assinado. Conforme o acordo, a concessionária canadense receberia um aval junto ao BIRD para um empréstimo no valor de 11,6 milhões de dólares, bem como uma tomada de ações por parte do BNDE no valor de Cr$ 1,3 milhões. É importante salientar que, como admitia o próprio relatório de atividades do BNDE em 1960, tais recursos eram oriundos do FFE – administrados pelo Banco de Desenvolvimento naquele momento –, os quais, segundo o próprio relatório, não eram suficientes diante da dimensão das solicitações de empréstimos, o que levava a dispêndios de mais recursos oriundos do próprio banco.[53]

Em outra pesquisa[54], o autor desta refletiu sobre a reação dos setores nacionalistas ao apoio do governo Juscelino Kubitschek, por meio do BNDE, às obras de interesse das concessionárias estrangeiras e, como consequência, o temor de que os recursos do FFE fossem consumidos por projetos de interesse das concessionárias estrangeiras de energia elétrica, em detrimento dos projetos de interesse nacional. O resultado do exame da documentação aqui elencada ratifica as afirmações anteriormente referidas, bem como o notório quadro de subordinação aos interesses dos monopólios estrangeiros, como era o caso da Light and Power que, como ficou evidente, realizava a expansão dos seus negócios por meio dos recursos provenientes dos impostos pagos pelos cidadãos brasileiros.

Intervenção do Estado

Neste quadro de gravidade, o governo do estado de São Paulo tomou a decisão de interferir no setor de energia elétrica. Para compreender como se dá a intervenção estatal na produção daquele insumo fundamental para o desenvolvimento econômico em São Paulo, nos anos

---

53   Relatórios de atividade BNDE, 1960, I e II, p. 73 e 190 respectivamente.
54   Para o exame do tema ver: Marcelo Squinca da SILVA, *Energia Elétrica: estatização e desenvolvimento, 1956-1967*, capítulo 3.

1950, é necessário realizar algumas ponderações de modo a explicitar suas peculiaridades: em primeiro lugar, quanto à diferença de como se manifesta o intervencionismo estatal paulista em relação ao federal e, ainda, de como esse intervencionismo se coloca diante da força política da Light and Power.

No estado de São Paulo, desenvolveu-se uma ação perante a crise do setor de energia elétrica que ficou conhecida como "pragmática", ou seja, era advogada por técnicos e burocratas que não simpatizavam com as proposições nacionalistas, a exemplo da assessoria econômica do presidente Getúlio Vargas, contudo, não estavam comprometidos com a Light and Power e a Amforp. Assim, se inquietavam com a demostrada incapacidade e/ou desinteresse das concessionárias estrangeiras de energia elétrica em encontrar soluções para a crise. Entendiam a interferência do Estado no setor de energia elétrica como irremediável, todavia, não demonstravam preocupação com propostas globais de conteúdo nacional. Advogavam, assim, expedientes de amplitude regional, comandadas pelos governos estaduais.[55] Como havia ocorrido em Minas Gerais, como já foi aventado, sob a liderança do engenheiro Lucas Lopes no governo de Juscelino Jubistchek, o *pragmatismo* se deu em São Paulo sob a liderança de Dagoberto Salles, no governo de Lucas Nogueira Garcez.

O governador do estado de São Paulo, eminente professor da Escola Politécnica, declarou perante aos rotarianos, em junho de 1953, dentro do espírito do *pragmatismo* que:

> Estou sinceramente convencido de que há não apenas conveniência, mas necessidade de passar a administração pública a cuidar, ao lado das empresas particulares, diretamente ou por intermédio de sociedades de economia mista, da produção de energia elétrica. Fundamental como é a eletricidade para todas as atividades de que dependem a vida e o progresso da Nação, não é mais admissível que o desenvolvimento de sua produção fique sujeito aos azares

---

55 Ricardo MARANHÃO, *Estado e capital privado...* op. cit., p. 391-2.

do maior ou menor interesse que possa ela despertar nas empresas privadas.[56]

O pensamento pragmático paulista, expresso nitidamente acima, reconhece que o atendimento das necessidades de ampliação do setor de energia elétrica em face da nova realidade da produção industrial e da urbanização, não necessariamente caminhava lado a lado com os interesses das concessionárias de energia elétrica, tornando-se, assim, a ação do estado fundamental.

Em São Paulo, de forma distinta do estado de Minas Gerais, o processo de fundação de empresas públicas de energia elétrica ocorreu ao longo de quinze anos. Iniciou-se, em 1951[57], com a fundação do Departamento de Águas e Energia Elétrica (DAEE) até a criação da Centrais Elétricas de São Paulo S.A (CESP) em 1966. Durante esse período, ocorreu ainda a criação de recursos financeiros exclusivos para o desenvolvimento do setor elétrico, como o IUEE em 1954, e os impostos e taxas análogos no âmbito estadual.

O DAEE foi instituído, sobretudo, para fomentar estudos acerca do regime dos rios que percorriam o estado de São Paulo e efetuar uma pesquisa das condições topográficas e geológicas das bacias fluviais do estado. No entanto, essa ação ganhou real dimensão a partir da elaboração do Plano Estadual de Eletrificação. Este foi delegado pelo governo de São Paulo à Companhia Brasileira de Engenharia (CBE), a mesma empresa que havia produzido o Plano de Eletrificação de Minas Gerais. Concebido entre outubro de 1953 e maio de 1956, o plano realizou uma apreciação global e setorial da economia paulista, estabelecendo as perspectivas de demanda de energia elétrica, bem como análises atinentes à programação de obras. A proposta elaborada pela CBE indicava um aumento de 10% ao ano de capacidade instalada para que o consumo de energia elétrica fosse satisfeito adequadamente. Recomendava que

---

56 Cf. *Revista Digesto Econômico*. Associação Comercial de São Paulo e Federação do Comércio do Estado de São Paulo. N° 103, ano IX, Junho de 1953, p. 9. (Acervo – FEA/USP)

57 O DAEE incorporou as atribuições da ISP. Para um exame detalhado das atribuições da ISP ver: Roberto A. IANNONE, *Evolução do setor elétrico paulista*, p. 62-3.

o aumento da oferta de energia elétrica decorreria da intervenção do governo do estado, que, juntamente com as concessionárias estrangeiras de energia elétrica, criaria um programa fundamentado na construção de usinas hidrelétricas de médio e de grande porte. O plano também sugeria que algumas termelétricas fossem instaladas para completar a produção de energia das usinas hidrelétricas em temporadas de estiagem. Aludia, ainda, que as redes construídas a partir das novas usinas precisariam ser ligadas às redes da São Paulo Light e da Cia. Paulista de Força e Luz (CPFL).[58]

A origem dos recursos que viriam a financiar a intervenção do Estado em São Paulo é sintetizada pelo economista Nivalde J. de Castro:

> a partir de 1954/55, o volume de financiamento disponível à indústria e, em particular no segmento público, sofreu um acréscimo significativo com a criação do Imposto Único sobre Energia Elétrica – IUEE – constituição do Fundo Federal de Eletrificação e atuação decisiva do Banco Nacional de Desenvolvimento Econômico. A construção de novas usinas por governos estaduais foi concretizada basicamente graças às novas linhas de financiamento, e, a estas fontes, somaram-se recursos de origem fiscal dos próprios Estados.[59]

Deste modo, o governo do estado de São Paulo iniciou então suas intervenções no setor de energia elétrica concretamente, com a fundação, em 1953, da Usinas Elétricas do Paranapanema S.A (USELPA), que construiu a hidrelétrica do Salto Grande, no rio Paranapanema, município de Salto Grande; em 1955, a criação da Companhia Hidrelétrica do Rio Pardo (CHERP), encarregada da construção de usinas no Rio Pardo; em 1961, o estabelecimento da Centrais Elétricas do Urubupungá S.A (CELUSA), incumbidas da construção de grandes hidrelétricas, como Jupiá e Ilha Solteira. O conjunto dessas empresas, juntamente

---

58   Ligia M. M. CABRAL, et alli. *Panorama do setor de energia...* op. cit., p. 160-1.
59   Nivalde de CASTRO, *O setor de energia elétrica...*op.cit., p. 77-8.

com nove privadas, sobretudo do setor de distribuição, formaram, em 1966, a CESP, como já foi mencionado.

A primeira iniciativa do governo de São Paulo foi a USELPA, da qual Dagoberto Salles foi o primeiro diretor-presidente. A primeira grande obra da nova empresa pública do setor elétrico paulista foi a construção da usina hidrelétrica de Salto Grande (atual Lucas Nogueira Garcez), no Rio Paranapanema, com potencialidade prevista para 60 MW. Numa quinta-feira, 27 de março de 1952, o então ministro da fazenda Horácio Lafer entregou o projeto que previa a construção da usina de Salto Grande ao presidente Getúlio Vargas, após sua elaboração no âmbito da CMBEU.[60] Em 1953, o Banco Mundial autorizou a liberação de um empréstimo de 10 milhões de dólares, previsto no relatório da CMBEU, para a aquisição de equipamentos da usina, avalizado pelo BNDE.[61] Entre esses equipamentos, estavam as turbinas, fornecidas pela General Electric (GE).

As apreciações iniciais do projeto foram realizadas, em 1951, por meio de estudos do Departamento de Eletrificação da Estrada de Ferro Sorocabana – futura consumidora de 25% da energia produzida pela usina –, da Escola Politécnica da Universidade de São Paulo e da Inspetoria de Serviços Públicos. Posteriormente, o projeto e as construções foram transferidos para a SERVIX Engenharia Ltda.[62] A usina foi inaugurada no dia 20 de abril de 1958, em uma solenidade que contou com a presença do presidente Juscelino Kubistchek; do governador do estado de São Paulo, Jânio Quadros; e do presidente da USELPA, Lucas Nogueira Garcez. As operações da usina se iniciaram, em maio daquele ano, introduzindo as empresas públicas paulistas na produção de energia elétrica, que, segundo a imprensa, garantiria progresso, industrialização e conforto.[63]

A outra grande obra iniciada nos anos 1950 pela USELPA foi a construção da usina de Jurumirim (atual Armando A. Laydner),no mu-

---

60 Cf. *O Estado de São Paulo*, 27/03/1952.
61 Relatório de Atividades, BNDE, 1959, p. 324.
62 Marcio Wolers de ALMEIDA, *Antecedentes da formação da CESP: notas*, p. 80.
63 Cf. *O Estado de São Paulo*, 17/04/1958, p. 12.

nicípio de Piraju, igualmente instalada no Rio Paranapanema, com potencialidade prevista para 96 MW. O Banco Mundial novamente tomou parte no empreendimento, por meio do aval do BNDE, realizando um empréstimo de 13,4 milhões de dólares, cuja liberação ocorreu no dia 18 de dezembro de 1953.[64] O projeto e as construções também foram realizados pela SERVIX Engenharia Ltda, como no caso de Salto Grande. As obras da usina se iniciaram em 1956 e foram finalizadas em 1962.

A CHERP foi estabelecida com a finalidade de explorar primeiramente os limitados aproveitamentos do Rio Pardo e posteriormente iniciativas no médio Tietê. Assim, as usinas de Limoeiro (atual Armando de Salles Oliveira), no município de Mococa – com potencialidade prevista para 32,2 MW – e Euclides da Cunha – com potencialidade prevista para 108,8 MW –, que estavam em construção desde 1954, tiveram suas obras acolhidas pela CHERP. O Banco Mundial tomou parte no empreendimento, por meio do aval do BNDE, realizando um empréstimo de 3,1 milhões de dólares, cuja liberação ocorreu no dia 30 de novembro de 1955.[65] Nas fases iniciais, as obras dessa região foram resultado da ação do DAEE.

Os estudos de potencial hidráulico, bem como os respectivos projetos técnicos, foram realizados por engenheiros ligados à Escola Politécnica da USP e ao Instituto de Pesquisas Tecnológicas. A construção das obras das usinas do Rio Pardo e da usina de Barra Bonita, no Rio Tietê, no município de Barra Bonita, foi destinada à construtora Camargo Correia, que se juntou à empresa norueguesa "Noreno" para a construção da usina de Limoeiro.[66] Em 20 de setembro de 1958, a usina de Limoeiro foi inaugurada e dois anos mais tarde a usina de Euclides da Cunha teve suas obras igualmente concluídas.

Durante os anos 1950, a Cherp responsabilizou-se também pela construção da usina de Barra Bonita, no médio Tietê – com potencialidade prevista para 140,7 MW –, que foi concluída em 1963. É importante enfatizar que as iniciativas da CHERP, mencionadas acima,

---

64 Relatório de Atividades, BNDE, 1959, p. 325.
65 Relatório Atividades, BNDE, 1956, p. 108.
66 Marcio Wohlers de ALMEIDA, *Antecedentes da formação...*op. cit., p. 80.

se destinaram a atender concessionárias de energia elétrica da região, em cidades como São Carlos, São João da Boa Vista, Araras e Rio Claro, dentre outras, bem como o sistema Light and Power em São Paulo.

A presença do poder público paulista no setor de energia elétrica se afirma em janeiro de 1961, por meio da fundação da CELUSA. Em 1952, foi criada a Comissão Interestadual da Bacia Paraná-Uruguai (CIBPU). Ao longo da década de 1950, a comissão realizou pesquisas que prognosticavam a instalação de duas grandes usinas: Jupiá (atual Eng. Souza Dias) – com potencialidade prevista para 1,500 MW – e Ilha Solteira – com potencialidade prevista para 2,400 MW. As duas usinas somadas significariam a instalação de 3,900 MW. O projeto do complexo de Urubupungá foi realizado, inicialmente, pela empresa italiana Societá Edison de Milano. Posteriormente, tal projeto foi revisto e implementado, finalmente, pela Themag Engenharia. Sua construção foi realizada pela construtora Camargo Corrêa. As obras da usina de Jupiá, no município de Castilho, foram iniciadas em 1962 e sua operação começou em 1969. As obras da usina de Ilha Solteira, no município de Ilha Solteira, por sua vez, foram iniciadas em 1965 e sua operação aconteceu em 1974.[67] A maior parcela da capacidade instalada pelo complexo de Urubupungá teria como destino o sistema da Light and Power em São Paulo.

Em 1962, o governo do estado de São Paulo fundou a Bandeirante Eletricidade S.A. (BELSA) e, no ano seguinte, constituiria a Companhia Melhoramentos de Paraibuna (COMEPA). Essas iniciativas, somadas às anteriores USELPA, CHERP e CELUSA, dariam origem à CESP.

Além das iniciativas de intervenção do Estado no setor elétrico em território paulista, o governo de São Paulo se envolveu em outra grande obra do setor elétrico nos anos 1950: a construção da usina Hidroelétrica de Furnas (MG).

A Usina Hidrelétrica de Furnas foi construída no trecho entre os municípios de São José da Barra e São João Batista do Glória, em Minas Gerais. Estava, assim, localizada numa região estratégica, ou seja, nas proximidades de São Paulo e Rio de Janeiro, onde ocorria, naquele mo-

---

67 Vera Maria de Barros FERRAZ, Julio Cesar Assis KUHL, Renato de Oliveira DINIZ, *CESP: Pioneirismo e excelência técnica*, p. 20-6.

mento, uma grave crise de fornecimento de energia elétrica na área de concessão da Light and Power e da CPFL. A edificação de Furnas, sob os auspícios do Plano de Metas do governo Juscelino Kubistchek, cuja previsão de capacidade instalada era de 1,100 MW, tornou-se fundamental para que os principais centros consumidores superassem a aguda crise no suprimento de energia elétrica.

A construção da usina teve iniciou em julho de 1958 e sua primeira unidade entrou em operação em 1963. Pela proximidade mantida com os sistemas da Light and Power e da CPFL, estes foram incluídos como acionistas da Central Elétrica de Furnas S.A. Assim sendo, a composição acionária original de Furnas era: Governo Federal, por meio do BNDE, 25,5%; Governo de Minas Gerais, por meio da Cemig, 25%; Governo de São Paulo, por meio do DAEE, 19,5%; Grupo Light and Power, 25,23%; e ainda o Grupo Amforp, por meio da CPFL, 4,66%. Dessa forma, o lado paulista estava contribuindo com 49,5% do capital para garantir um suprimento de 50% da energia gerada. Dentro do lado paulista se destacava a participação do grupo Light and Power, com 50,9% dos recursos destinados ao financiamento do novo empreendimento, o que lhe garantiria metade da energia produzida pela nova usina. No entanto, a suposta participação vigorosa do grupo Light and Power no empreendimento de Furnas não se concretizou nos anos seguintes, pois dos 25,23% que a empresa canadense afirmava que investiria em 1957, só restava 0,89% em 1968. De fato, Furnas era uma iniciativa estatal majoritariamente financiada por recursos do governo federal, apoiado pelos governos estaduais de Minas Gerais e de São Paulo.[68]

É imperioso ainda observar que o intervencionismo do Estado no setor elétrico paulista foi peculiar, pois se deu na área onde atuava a maior empresa brasileira do setor elétrico no início dos anos 1950. Dessa forma, o intervencionismo expressou muito visivelmente os elementos do já aludido "pacto de clivagem". Por outras palavras, sob a égide deste "pacto" a intervenção estatal foi realizada por meio de planos de eletrificação, construção de usinas geradoras e linhas de transmissão, bem como a constituição de empresas públicas, das quais USELPA, CHERP, CELUSA e FURNAS são consistentes exemplos. Entretanto, esta inter-

---

68 Ricardo MARANHÃO, *Estado e capital...*, op. cit., p. 405.

venção no campo da geração foi concretizada, por sua vez, em comum acordo com as concessionárias estrangeiras que gradativamente se especializaram no campo da distribuição de energia elétrica. Dessa forma, garantia-se que parcela do empreendimento se transferisse para as mãos do Estado, sem que as concessionárias estrangeiras fossem afastadas do conjunto dos empreendimentos do setor de energia elétrica. Ironicamente, se consolidava o pensamento de um dos diretores do DAEE nos anos 1950, Mario Lopes Leão, para quem era no "trabalho comum do governo e das empresas concessionárias idôneas é que repousa a esperança de um progresso cada vez maior para São Paulo." [69]

Destarte, o Plano Estadual de Eletrificação, apresentado pelo governo do estado de São Paulo em 1956, que previa a constituição de uma empresa holding estadual, cuja função seria comandar as intervenções estaduais no setor de energia elétrica, só viria a se consolidar, dentro do *espírito* do "pacto de clivagem", em 1966, com a reunião das diversas empresas públicas paulistas, como já foi mencionado. É imperioso destacar que esse "atraso" certamente se deu pela posição econômica e, consequentemente, política que a Light and Power exercia no território paulista. Assim, durante o período que se estendeu desde as primeiras iniciativas do governo paulista no setor elétrico até a fundação da CESP, a empresa canadense teve tempo de se organizar para se tornar uma distribuidora de energia elétrica sem sobressaltos, como revela a documentação examinada nesta pesquisa.

Em 1957, o *espírito* do "pacto de clivagem" expressava-se muito nitidamente por meio de representantes das empresas públicas, como foi o caso do diretor da CHERP, que se manifestava demonstrando os efeitos positivos do suprimento da geração de energia que a empresa canadense receberia das empresas públicas nascentes. Segundo Mario Lopes Leão:

> Não há mais dificuldades intransponíveis para levar a cabo o plano [Estadual de Eletrificação] traçado. Não há dificuldades, nem de caráter técnico, nem de caráter financeiro e de ordem administrativa. É

---

69 Cf. *O Estado de São Paulo*, 24/12/1955, p. 1.

> necessário, porém, encaminhar, sem mais demora, a criação da CELP [CESP], que deverá ficar com *toda* a responsabilidade da execução das obras da operação do sistema elétrico no estado e de cuidar da interligação com os outros sistemas que operem na região Centro-Sul do país, a fim de que todas as instalações existentes e as que venham a ser acrescidas operem com máximo de rendimento técnico.[70]

Como se observa, o diretor da CHERP, que posteriormente se ligaria à Light and Power[71], enfatiza a viabilidade do Plano Estadual de Eletrificação em diversos aspectos. Apresenta uma expectativa favorável em relação à criação da CESP, sobretudo porque esta deveria ser a responsável por *toda* a geração e transmissão de energia, o que deixaria a concessionária estrangeira, a partir dali, em uma posição mais confortável, atuando apenas na distribuição de energia elétrica, em que os investimentos são muito menos vultosos do que nos setores de geração e transmissão de energia e, como consequência, com lucros mais rapidamente auferidos nos centros mais dinâmicos da economia brasileira, a exemplo de São Paulo.

O exame da documentação demonstra ainda que a opinião do engenheiro Mario Lopes Leão não era uma manifestação isolada. Em três ocasiões diferentes o relatório anual da Light and Power em São Paulo destaca a importância da ligação do seu sistema com a energia produzida pelas empresas estaduais nascentes. No relatório anual de 1957, a Light, em seu capítulo das relações públicas afirma:

> Sobre a distribuição da energia elétrica a ser produzida pela Central Elétrica das Furnas, a São Paulo Light apresentou ao Departamento de Águas e Ener-

---

70   Cf. *Revista Engenharia*, Junho de 1957, p. 509. Grifos nossos.
71   Entre 1959 e 1960, Mario Lopes Leão se tornou membro do conselho de administração da Light and Power em São Paulo. Cf. São Paulo Light S.A Serviços de eletricidade. Relatório anual do diretor superintendente geral 1959 e São Paulo Light S.A Serviços de eletricidade. Relatório anual do diretor superintendente geral 1960.

gia Elétrica várias considerações, comprovando ser essencial que receba uma cota de potência firme, inferior a 400.000 kW, de energia de, pelo menos 2,3 bilhoes de kW por ano. O referido departamento respondeu aquiescendo.[72]

No relatório anual de 1958, o Departamento de Planejamento e Obras chama a atenção para os estudos voltados para a questão da interligação dos sistemas da Light ao da USELPA:

> No decorrer de 1956 foram feitos inúmeros estudos, dentre os quais os de interligação dos sistemas SPL [São Paulo Light] e CPFL; SPL e USELPA, levantamento da carga do sistema, com previsão até 1962; determinação do programa para instalação de novas linhas de transmissão.[73]

Por último, no relatório anual de 1960, a ligação do Sistema Light em São Paulo com a produção de energia da USELPA novamente é mencionada. O departamento de relações públicas da concessionária canadense revela que o "Conselho Nacional de Águas e Energia Elétrica autorizou a interligação das Usinas Elétricas do Paranapanema ao da São Paulo Light, a fim de permitir o fornecimento, a esta, das sobras daquela."[74]

Percebe-se, assim, que o grupo Light and Power, em São Paulo, no final dos anos 1950, atuando nas regiões mais industrializadas do país e, como consequência, nas regiões onde necessitaria fazer elevados investimentos para ampliar a sua capacidade de energia elétrica, recebia a intervenção do Estado com indisfarçável alívio. Portanto, a partir dos anos 1960, a empresa canadense, que não pretendia realizar ampliações em sua capacidade instalada nas dimensões necessárias diante do novo

---

72 São Paulo Light S.A Serviços de eletricidade. Relatório anual do diretor superintendente geral 1957, p. 93.

73 São Paulo Light S.A Serviços de eletricidade. Relatório anual do diretor superintendente geral 1958, p. 19.

74 São Paulo Light S.A Serviços de eletricidade. Relatório anual do diretor superintendente geral 1960p. 118.

padrão de acumulação que se inaugurava no país nos anos 1950, como já foi mencionado, colheu os frutos do já referido "pacto de clivagem".

O poder público do estado de São Paulo *entrou na dança* por meio da USELPA, CHERP e CELUSA (responsável pela operacionalização dos estudos do CIBPU), reunidas posteriormente na CESP, realizando investimentos altíssimos na geração e transmissão de energia – captando recursos em moeda estrangeira em diversos casos, como os das usinas de Salto Grande, Jurumirim, Limoeiro e Euclides da Cunha. Já a Light distribuiria energia em uma região monopolizada de fornecimento bastante lucrativa. Durante o período em que se desenvolve o presente estudo, detendo-se apenas nos exemplos das usinas acima referidas, percebe-se a dimensão da intervenção do governo paulista quando se observa, por exemplo, que a potencialidade instalada pelas empresas públicas alcançaria, no início dos anos 1960, o valor de 297 MW, que significava 30,3% do que a Light and Power havia instalado na sua área de atuação concessionária durante 50 anos.[75]

Em resumo, a solução paulista para a crise de abastecimento de energia elétrica, que se erigiu no início dos anos 1950, circunscreveu-se nos termos do *pragmatismo* e do "pacto de clivagem". O *pragmatismo* afastava os planos e ações estaduais das posições nacionalistas, sobretudo defendidas durante o segundo governo Getúlio Vargas. No entanto, compreendia ser fundamental a intervenção do Estado no setor elétrico – nos limites regionais – para viabilizar o suprimento daquele insumo fundamental para o desenvolvimento econômico do estado de São Paulo. Conexo ao *pragmatismo*, o "pacto de clivagem" – arranjo entre o Estado e as empresas privadas – conduziu as intervenções das estatais, no setor elétrico, para o campo da geração e transmissão, enquanto as concessionárias estrangeiras se afirmavam como distribuidoras. Evidencia-se, assim, que o governo paulista passou a injetar recursos na ampliação do sistema de eletrificação pressionado não apenas pela demanda interna, mas também para cobrir a omissão das empresas estrangeiras, embora sem eliminar as concessões existentes, em uma clara ilustração da subordinação do capitalismo brasileiro ao capital internacional.

---

75   Nivalde de CASTRO, *O setor de energia elétrica*..., op.cit., p. 29.

No que tange à destinação dos recursos da CMBEU, é necessário realizar algumas reflexões. Indagou-se inicialmente, neste capítulo, se o comprovado *lobby* dos mineiros no interior daquela comissão havia prejudicado os interesses paulistas no que se refere à expansão do setor elétrico. A resposta para tal indagação, a partir das reflexões realizadas por esta pesquisa, é negativa porque o estado de São Paulo foi amplamente contemplado, e em proporções maiores do que o estado de Minas Gerais, pelos recursos destinados ao setor elétrico no âmbito da CMBEU.

O relatório final da CMBEU previa a execução de 41 projetos. Destes, nove se destinavam ao atendimento do setor elétrico, que, ao lado do setor de transportes ferroviários receberiam aproximadamente 80% dos recursos a serem empregados. O custo total dos projetos do setor elétrico em moeda local era de CR$ 4.603 bilhões. Em moeda estrangeira, destinados à compra de equipamentos, os recursos representavam US$ 129.746 milhões. Os recursos propostos ao setor elétrico do estado de Minas Gerais somavam, em moeda local, CR$ 1.211 bilhões, bem como US$ 23.216 milhões em moeda estrangeira. Ao estado de São Paulo, por sua vez, se destinavam CR$ 2.234 bilhões em moeda local, bem como US$ 71.400 milhões em moeda estrangeira. Portanto, ao estado de Minas Gerais eram destinados 26,3% do total de recursos em moeda local, enquanto em moeda estrangeira alcançava 17,9% do total dos recursos.

O Estado de São Paulo, por sua vez, atingia 48,5% do total dos recursos em moeda local, enquanto somava 55% do total dos recursos em moeda estrangeira. Examinada no capítulo anterior, a tabela II.3 demonstra, ainda, que os recursos em moeda nacional oriundos do IUEE representavam 36,4% para o estado de São Paulo, entre 1955 e 1962, ou seja, quase o triplo do que os mineiros poderiam alcançar no mesmo período.

Tabela III.1. CMBEU: Projetos no Setor de Energia Elétrica por empresa

CMBEU: Projetos no Setor de Energia Elétrica				
Empresa	Custo (US$/mil)	Custo (Cr$/milhões)	Meta (KW)	Participação (%)
Nº 5 - Comissão Estadual de Energia Elétrica - CEEE (Rio Grande do Sul)	25.000	1.004	137.200	20,1
Nº 6 - Usinas Elétricas do Paranapanema S.A (São Paulo)	10.000	555	60.000	8,8
Nº 9 - Empresas Elétricas Brasileiras (AMFORP)	41.140	1.346	170.660	25
Nº 11 - Companhia de Eletricidade do Alto Rio Grande - CEARG (do Grupo CEMIG)	7.300	150	24.000	3,5
Nº 12 - Companhia Hidrelétrica do São Francisco - CHESF	8.500	120	60.000	8,8
Nº 14 - Companhia Nacional de Energia Elétrica (S. Paulo)	1.470	17	9.600	1,4
Nº 22 - Companhia Matogrossense de Eletricidade	1.630	34	11.410	1,6
Nº 24 - Companhia Força e Luz de São Paulo (Grupo Light)	18.790	316	160.000	23,5
Nº 29 - Companhia de Eletricidade do Alto Rio Doce CEARD (do Grupo CEMIG)	15.916	1.061	50.000	7,3
Total	129.746	4.603	682.870	100

Fonte: Pedro Paulo Zalhuth bastos, *A construção do Nacional-Desenvolvimentismo...*, op. cit., p. 269., apud Nivalde de CASTRO, *O setor de energia elétrica...*, op.cit.

Ora, os números acima são bastante expressivos: os recursos, tanto em moeda local como em moeda estrangeira, destinados ao setor elétrico do estado de São Paulo eram muito superiores aos números destinados a Minas Gerais. Em moeda estrangeira, por exemplo, os recursos paulistas eram três vezes maiores. Assim, evidencia-se que o *lobby* mineiro – em que a figura de representantes da burguesia mineira, a exemplo de Lucas Lopes, foi extremamente importante – não prejudicava os interesses de expansão do setor elétrico paulista no interior da CMBEU. Os dados expressos na tabela II.1 demonstram que, enquanto o estado de São Paulo era consumidor de 63% da energia elétrica destinada às indústrias, entre 1951-1955, o estado de Minas Gerais, por sua vez, destinava ao consumo industrial apenas 5% no mesmo período. É possível afirmar que, de fato, o *lobby* mineiro destinava-se a retirar o estado de Minas Gerais da sua condição de atraso no que se refere ao processo de desenvolvimento econômico, por meio da garantia de oferta de energia elétrica para as indústrias que aquele estado da federação buscava implantar na passagem dos anos 1940 para 1950. Assim, a constituição da CEMIG, cujos recursos garantidos pelo lobby mineiro junto a CMBEU, foi decisiva. Isso é evidenciado pela análise da tabela II.2, na qual fica demonstrado que o consumo de energia elétrica no ramo industrial saltou para 12% em Minas Gerais entre 1956-1960. Dessa forma, observa-se que o lobby mineiro foi importante para garantir os recursos que dariam continuidade ao projeto de desenvolvimento de Minas Gerais, mas de forma alguma para refrear a expansão do setor elétrico paulista.

Outra peculiaridade dos recursos dedicados ao estado de São Paulo pela CMBEU se refere à natureza das empresas que iriam recebê-los. Dos quatro projetos aprovados pela comissão para atender aos paulistas, dois se destinavam às concessionárias estrangeiras de energia elétrica (Light and Power e Amforp), um para a USELPA e outro para a Companhia Nacional de Energia Elétrica. Somados, os projetos das concessionárias estrangeiras de energia elétrica resultavam em um montante de 84% dos recursos em moeda estrangeira, bem como 74,5%

em moeda local, dos recursos da CMBEU destinados ao estado de São Paulo. Ao projeto da USELPA (Usina da Salto Grande) cabiam 14% dos recursos em moeda estrangeira, bem como 24,8% em moeda local. Por fim, à Companhia Nacional de Energia Elétrica restava 2% em moeda estrangeira, bem como 0,7% em moeda local, que na realidade nunca foram financiados.

Ora, como interpretar tal disparidade na distribuição de recursos por parte da CMBEU? Como demonstrou o economista Pedro Paulo Zaluth Bastos, as decisões da CMBEU eram significativamente influenciadas pela doutrina das instituições financeiras internacionais. Tal doutrina estabelecia que os Estados "deviam pavimentar o caminho para que novos investimentos privados pudessem ser realizados".[76] Dessa forma, é possível compreender a maciça liberação de empréstimos para os projetos de expansão das concessionárias estrangeiras, como era o caso da Usina termelétrica de Piratininga, no caso da Light, em 1954, e da Usina Hidrelétrica de Peixoto, no município de Ibiraci (MG), no caso da Amforp, em 1952. Dessa forma, é possível compreender também a liberação de empréstimo por parte da CMBEU para o projeto da Usina de Salto Grande, em 1953, no caso da USELPA, pois esta se destinaria a atender subsidiariamente a área de concessão da Light, ou seja, atendê-la dentro do *espírito* do "pacto de clivagem". É necessário advertir, ainda, para o caso da Usina de Jurumirim, que também contou com empréstimos liberados pelo Banco Mundial no valor de US$ 13,4 milhões, embora não tenha sido planejada no interior da CMBEU, mas, de toda forma, atendia ao espírito do "pacto de clivagem", pois geraria energia para ser distribuída pela Light.[77] Fora também dos limites da CMBEU, a Light foi contemplada por empréstimos do Banco Mundial para a ampliação da Usina de Piratininga, bem como para expansão da Usina de Cubatão II (subterrânea), em 1960.[78]

---

76   Pedro Paulo Zaluth BASTOS, *A construção do nacional-desenvolvimentismo de Getúlio Vargas e a dinâmica de interação entre estado e mercado nos setores de base*, p. 263.
77   Cf. Relatório de Atividades do BNDE, 1959, p. 308.
78   Cf. Relatório de Atividades do BNDE, 1960 (II), p. 16.

É imperioso ressaltar que os empréstimos aprovados pela CMBEU *pavimentavam* não apenas o caminho para os projetos de expansão das concessionárias estrangeiras, mas também para as vendas de material elétrico por parte de empresas estadunidenses. Não é casual que, dos nove projetos aprovados pela CMBEU destinados ao setor elétrico, a GE tenha fornecido material elétrico para quatro. Entre esses materiais estavam turbinas e geradores. Embora não seja possível detalhar o valor de cada contrato, de um total de US$ 129,746 milhões de dólares, é possível afirmar que a GE estava envolvida em um universo de vendas de 85,840 milhões de dólares. Ou seja, em 66,2% dos valores dos empreendimentos das quatro usinas (Usina de Salto Grande, em São Paulo; Usina de Piratininga, em São Paulo; Usina de Peixoto, em São Paulo; e ainda da Usina de Salto Grande, em Minas Gerais), que tiveram valores acordados no âmbito da CMBEU.[79]

Destarte, as reflexões do Historiador Luiz Alberto Moniz Bandeira sintetizam os objetivos das instituições financeiras internacionais e ratificam a relação destas com os interesses das concessionárias estrangeiras de energia elétrica:

> A concessão de financiamentos pelo BIRD [Banco Internacional para Reconstrução e Desenvolvimento ou Banco Mundial], cujo presidente, na prática, era designado pelo governo americano e ratificado pelos diretores executivos da instituição, procurou também promover os capitais privados, em oposição aos investimentos públicos que os Estados demandantes, mais pobres, pretendiam fazer, em obras de fundamental importância econômica [...].[80]

---

79   Usina de Salto Grande em São Paulo – *Revista águas e energia elétrica*, Ano V, julho de 1953, nº 17, p. 33. Usina de Piratininga em São Paulo – *Revistas G.E.*, Outubro de 1953, n.1, nº 1, p. 42. e *Revista G.E.*, julho de 1954, Volume 1, nº 4, p.22. Usina de Peixoto em São Paulo – *Revistas G.E.*, julho de 1954, v.1, nº 4, p. 28. Usina de Salto Grande em Minas Gerais *Revistas G.E.*, outubro de 1953, v.1, nº 1, p. 40. As revistas não detalham sobre os contratos com a G.E.

80   Luiz Alberto Moniz BANDEIRA, Formação do império americano, p. 198. Para um exame detalhado do tema ver também: Pedro Paulo Zalu-

Decorre daí a manutenção das condições de exploração que as concessionárias estrangeiras já detinham, com o aumento da dívida externa e a ampliação da subordinação e dependência do país.

Em suma, o estado de São Paulo foi contemplado pelos recursos destinados ao setor elétrico no âmbito da CMBEU, largamente e em dimensões muito maiores do que o estado de Minas Gerais. Os recursos destinados ao setor elétrico paulista, tanto em moeda local, bem como em moeda estrangeira, eram muito superiores aos números destinados a Minas Gerais. Em moeda estrangeira, por exemplo, tais recursos alcançavam somas três vezes maiores. Portanto, é possível patentear que o *lobby* mineiro foi significativo para garantir os recursos que dariam prosseguimento ao projeto de desenvolvimento de Minas Gerais, mas de forma alguma para refrear a expansão do setor elétrico paulista.

Ademais, é possível patentear que os recursos destinados pela CMBEU para as obras de expansão do setor elétrico em São Paulo dirigiram-se, deliberadamente, para o atendimento das necessidades das concessionárias estrangeiras de energia elétrica e aos grandes projetos públicos que subsidiavam as concessionárias estrangeiras e as grandes companhias estadunidenses fornecedoras de material elétrico. Decorre daí, como já mencionado, a sustentação das condições de exploração que já detinham as concessionárias estrangeiras, com o avanço de nossa dívida externa e a ampliação de nossa subordinação e dependência.

Podemos tirar como conclusão do que vimos até aqui que a robusta presença política das concessionárias estrangeiras de energia elétrica nos bastidores, como a Light and Power, expressa uma das facetas da peculiaridade do desenvolvimento *hipertardio* brasileiro no contexto do capitalismo internacional de caráter imperialista e monopolista. A debilidade das instituições governamentais no que se refere ao setor elétrico determinou a sua relação com as concessionárias estrangeiras no auge da crise de abastecimento de energia elétrica em São Paulo, optando em com elas pactuar. A introdução do novo padrão de acumulação no Brasil e, como decorrência dele, de alterações no processo de industrialização, bem como de incremento no processo de expansão

---

th BASTOS, *A Construção do Nacional-Desenvolvimentismo...*, op. cit.

urbana, induziam ao que se chamou de "choque de demanda". Assim, as taxas históricas de demanda por energia elétrica mudam de nível se elevando consideravelmente. Assim, a solução paulista para a crise de abastecimento de energia elétrica, que se erigiu no início dos anos 1950, circunscreveu-se nos termos do *pragmatismo* e do "pacto de clivagem".

Considerações Finais

No início da década de 1950, constatava-se que o desenvolvimento econômico do país não havia sido acompanhado de investimentos em infraestrutura, sobretudo no setor de energia elétrica, que se caracterizava, à época, pelo aumento e diversificação das demandas. Pressionado pelo aumento da demanda interna por energia elétrica, não atendida devido à omissão das empresas estrangeiras concessionárias do setor, o governo federal, sem eliminar as concessões existentes, passou a injetar recursos na ampliação do sistema de eletrificação, medida que adotou paralelamente às intervenções locais.

O segundo governo Getúlio Vargas (1951-1954) anunciou, desde o início, a necessidade de realizar grandes esforços para "romper os pontos de estrangulamento que entorpecem a marcha da economia nacional", sobretudo nos setores de infraestrutura, como o de energia elétrica.

Assim sendo, o governo anunciou que enfrentaria o estrangulamento sentido particularmente por industriais e pessoas que moravam em centros urbanos – como os de São Paulo e Minas Gerais –, principalmente aquelas que adensavam bairros novos. Mas indicou também, embora em tom conciliador e talvez demonstrando conhecimento das tendências do capital internacional daquele momento, que nada faria para obrigar ou impelir as concessionárias estrangeiras a disponibilizarem recursos para maiores investimentos em energia elétrica visando à ampliação da capacidade do setor.

Os fatos demonstram que o presidente Vargas tinha motivos concretos para fazer tais afirmações, pois o crescimento médio anual da capacidade instalada no setor de energia elétrica no quinquênio 1940-1945 foi quatro vezes menor do que no quinquênio anterior. De fato, tal índice vinha registrando quedas desde a década de 1930.

Assim, a primeira real alternativa buscada pelo governo Vargas com vistas a obter recursos para superar o "estrangulamento" do setor de energia elétrica foi o pedido de empréstimos externos a grandes bancos públicos, como o Banco Mundial e o Eximbank (EUA). Observa-se que o governo buscava os empréstimos junto aos bancos públicos estrangeiros para financiar as obras de expansão do setor elétrico, o qual, em poder de concessionárias estrangeiras, já não atendia às demandas em proporção suficiente.

Por esse motivo, foi organizada a Comissão Mista Brasil-Estados Unidos (CMBEU), com o objetivo de realizar estudos acerca dos principais obstáculos ao desenvolvimento brasileiro e produzir um relatório que indicasse os projetos a serem objeto de futuros financiamentos por parte dos bancos públicos acima citados.

No âmbito da CMBEU, pode-se destacar a atuação do engenheiro Lucas Lopes, cuja participação esteve muito além da representação técnica do governo brasileiro na comissão: atuou como um verdadeiro *lobbista* em favor dos projetos de Minas Gerais. Por mais de uma vez, em seu depoimento ao Centro da Memória da Eletricidade (Cemel/Eletrobrás), o engenheiro declarou, de forma sutil ou abertamente, que lá trabalhou a favor dos projetos destinados a Minas Gerais, tendo sido peça-chave na criação da empresa pública local de energia elétrica, a Cemig. Assim, nossa investigação preliminar nos levou a afirmar que, no quadro de expansão do parque gerador de energia elétrica, nos anos 1950, se constituiu um quadro de disputa entre mineiros e paulistas por recursos para a ampliação de suas respectivas capacidades instaladas de energia elétrica.

Ao concluir-se o presente estudo pode-se afirmar que, dois séculos depois do auge da mineração no período colonial, o deslocamento do eixo dinâmico da economia do estado de Minas Gerais, nos anos 1940 e 1950, da Zona da Mata para a Zona Metalúrgica fez uma atividade relacionada à mineração voltar a ocupar lugar de destaque na vida econômica daquele estado. O incremento do setor mínero-metalúrgico e siderúrgico, especialmente, a partir da segunda metade dos anos 1950, devido à mutação no padrão de acumulação do país, bem como a alteração no processo de integração do mercado nacional, dirigiu progressivamente a área central de Minas Gerais, à categoria de espaço tendencialmente concentradora da atividade industrial, levando a especificação na fabricação de bens intermediários.

O domínio industrial de bens intermediários motivou a manifestação de uma nova fração da burguesia industrial mineira, que organizou um grupo aglutinador e elaborador de políticas econômicas estaduais *industrializantes*. O projeto de desenvolvimento de Minas Gerais e sua consequente relação com a expansão do setor de energia elétrica no estado *não* era dependente de poucas – embora decisivas – lideranças políticas de Minas Gerais. Ao contrário, traduzia a expressão de um *Pensamento Industrializante* mineiro com mais raízes na sociedade, como, por exemplo, a Federação das Indústrias de Minas Gerais, bem como na Associação Comercial e Empresarial de Minas. O *Pensamento Industrializante* significava a garantia da supremacia, gradativamente, a partir dos anos 1930, da tese de que o desenvolvimento do estado de Minas Gerais dependia, principalmente, do processo de industrialização. Além disso, o processo de industrialização era concebido sob a direção e o apoio do Estado no âmbito dos setores essenciais ao desenvolvimento econômico, do qual o setor de energia elétrica era um consistente exemplo.

A expansão da industrialização de Minas Gerais, todavia, esbarrava na escassez de energia elétrica. As concessionárias privadas, como a Companhia de Força e Luz de Minas Gerais, não realizavam novos investimentos por não concordarem com a legislação reguladora do setor, ou seja, o Código de Águas, e ainda porque os serviços prestados por tais concessionárias eram monopolizados. Disto resultava, para elas, ser mais interessante o encarecimento de tarifas e uma maior remuneração sobre os investimentos do que ampliar a capacidade instalada de energia elétrica. Assim, o Estado ocupou papel fundamental no financiamento de empreitadas de geração e transmissão de energia elétrica, embora, sem alterar as concessões já garantidas às empresas estrangeiras no campo da distribuição de energia elétrica. Objetivando garantir os recursos para dar continuidade ao projeto de desenvolvimento de Minas Gerais, representantes da burguesia mineira, como Lucas Lopes, agiram como verdadeiros *lobistas* no interior da Comissão Mista Brasil- -Estados Unidos. Se expressa, de tal modo, um quadro de disputa das regiões da federação por recursos para a ampliação de suas respectivas capacidades instaladas de energia elétrica. Explicita-se, ademais, a falta de organicidade da burguesia, constituída a partir de interesses provincianos, e não nacionais.

A robusta presença política das concessionárias estrangeiras de energia elétrica, como a Light and Power, nos bastidores, expressa uma das facetas da peculiaridade do desenvolvimento *hipertardio* brasileiro, no contexto do capitalismo internacional de caráter imperialista e monopolista. A debilidade das instituições governamentais no que se refere ao setor elétrico determinou a sua relação com as concessionárias estrangeiras no auge da crise de abastecimento de energia elétrica em São Paulo, optando em com elas pactuar. A introdução do novo padrão de acumulação no Brasil, e como decorrência dele a introdução de alterações no processo de industrialização, bem como de incremento no processo de expansão urbana induziam ao que se chamou de "choque de demanda". Assim, as taxas históricas de demanda por energia elétrica mudam de nível, elevando-se consideravelmente. Além disso, a solução paulista para a crise de abastecimento de energia elétrica, que se erigiu no início dos anos 1950, circunscreveu-se nos termos do *pragmatismo* e do "pacto de clivagem".

O estado de São Paulo foi contemplado pelos recursos destinados ao setor elétrico no âmbito da CMBEU, largamente e em dimensões muito maiores do que o estado de Minas Gerais. Os recursos tanto em moeda local, bem como em moeda estrangeira, destinados ao setor elétrico paulista eram muito superiores aos números destinados a Minas Gerais. Dessa forma, é possível afirmar que o *lobby* mineiro foi significativo para garantir os recursos que dariam prosseguimento ao projeto de desenvolvimento de Minas Gerais, mas, de forma alguma para refrear a expansão do setor elétrico paulista. É possível afirmar também que os recursos destinados pela CMBEU para as obras de expansão do setor elétrico em São Paulo, dirigiram-se deliberadamente para o atendimento das necessidades das concessionárias estrangeiras de energia elétrica. Decorre daí, a sustentação das condições de exploração, que as concessionárias já detinham, com o avanço de nossa dívida externa e a ampliação de nossa subordinação.

Fontes

a) Jornais

Diário Oficial do Estado de São Paulo, 28/08/1952. (Disponível no blog Linha d'água, acesso: http://titochi.wordpress.com/category/energia-eletrica/racionamento/ em julho de 2013).

Diário Oficial do Estado de São Paulo, 03/10/1953. (Disponível no blog Linha d'água, acesso: http://titochi.wordpress.com/category/energia-eletrica/racionamento/ em julho de 2013).

Diário Oficial do Estado de São Paulo, 04/04/1954. (Disponível no blog Linha d'água, acesso: http://titochi.wordpress.com/category/energia-eletrica/racionamento/ em julho de 2013).

Diário Oficial do Estado de São Paulo, 17/05/1954. (Disponível no blog Linha d'água, acesso: http://titochi.wordpress.com/category/energia-eletrica/racionamento/ em julho de 2013).

Diário Oficial do Estado de São Paulo, 09/09/1954. (Disponível no blog Linha d'água, acesso: http://titochi.wordpress.com/category/energia-eletrica/racionamento/ em julho de 2013).

O *Estado de São Paulo,* 27/03/1952. (Acervo Fundação Energia e Saneamento, Clipping).

O *Estado de São Paulo*, 21/06/1953, p. 18. (acervo digital do jornal O *Estado de São Paulo*)

O *Estado de São Paulo*, 25/04/1953, p. 11. (acervo digital do jornal O *Estado de São Paulo*)

O Estado de São Paulo, 04/08/1953, p. 3. (acervo digital do jornal *O Estado de São Paulo*)

O Estado de São Paulo, 18/07/1954, p. 21. (acervo digital do jornal *O Estado de São Paulo*)

O Estado de São Paulo, 5/4/1956. p. 4. (acervo digital do jornal *O Estado de São Paulo*)

O Estado de São Paulo, 24/12/1955, p. 1. (acervo digital do jornal *O Estado de São Paulo*)

O Estado de São Paulo, 17/04/1958, p. 12. (acervo digital do jornal *O Estado de São Paulo*)

B) REVISTAS:

Revista *Digesto Econômico*. Associação Comercial de São Paulo e Federação do Comércio do Estado de São Paulo. N° 102, ano IX, Maio de 1953, p. 100. (Acervo FEA/USP)

Revista *Digesto Econômico*. Associação Comercial de São Paulo e Federação do Comércio do Estado de São Paulo. N° 103, ano IX, Junho de 1953, p. 9. (Acervo

Revista *Mensagem Econômica, A intervenção do estado no domínio econômico*, agosto de 1957, Ano VI, N° 56, p.4.

Revista *Digesto Econômico*. Associação Comercial de São Paulo e Federação do Comércio do Estado de São Paulo. N° 106, ano IX, Setembro de 1953, p. 18. (Acervo FEA/USP)

Revista *Digesto Econômico*. Associação Comercial de São Paulo e Federação do Comércio do Estado de São Paulo. N° 108, ano IX, Novembro de 1953, p. 88. (Acervo FEA/USP)

Revista *Digesto Econômico*. Associação Comercial de São Paulo e Federação do Comércio do Estado de São Paulo. N° 114, ano X, Maio de 1954, p. 106. (Acervo FEA/USP)

Revista *Mensagem Econômica. Discurso do Presidente*, Fevereiro de 1955, Ano III, N° 26, p. 6. (acervo Associação Comercial e Empresarial de Minas).

Revista *Mensagem Econômica. Soluções para o problema energético*, Outubro de 1959, Ano VIII, N° 82, p. 47-8. Sessão do dia 03 de setembro. (acervo Associação Comercial e Empresarial de Minas)

Revistas *Engenharia:* Órgão Oficial do instituto de engenharia de São Paulo, Brasil, Ano XV, Vol. XV, Junho de 1957, n° 175, p. 501 a 509.

Revista Vida Industrial – *Energia Elétrica para o progresso de Minas,* 1955, v.5, n.1, jan. 1955, p. 30.

c) Arquivos pessoais depositados no CPDOC/FGV-RJ:

Telegrama de 29 de abril de 1953 de Juscelino Kubtschek a Getúlio Vargas:Documento arquivado no CPDOC/FGV-RJ sob o registro GVc 1953.05.15.1 (textual).

Telegrama de 29 de julho de 1953 de Juscelino Kubtschek a Getúlio Vargas: Documento arquivado no CPDOC/FGV-RJ sob o registro GV c 1953.07.29/2. (textual)

d) Relatórios:

COMISSÃO MISTA BRASIL-ESTADOS UNIDOS PARA DESENVOLVIMENTO ECONÔMICO – Relatório Geral, Rio de Janeiro – Brasil, 1954, Tomo I (FPH Eletropaulo/SP).

COMISSÃO MISTA BRASIL-ESTADOS UNIDOS PARA DESENVOLVIMENTO ECONÔMICO – Relatório Geral, Rio de Janeiro – Brasil, 1956. Acervo BNDES.

COMISSÃO MISTA BRASIL-ESTADOS UNIDOS PARA DESENVOLVIMENTO ECONÔMICO – Relatório Geral, Rio de Janeiro – Brasil, 1959. Acervo BNDES.

COMISSÃO MISTA BRASIL-ESTADOS UNIDOS PARA DESENVOLVIMENTO ECONÔMICO – Relatório Geral, Rio de Janeiro – Brasil, 1960, Tomo I e II. Acervo BNDES.

São Paulo Light S.A Serviços de eletricidade. Relatório anual do diretor superintendente geral 1957

São Paulo Light S.A Serviços de eletricidade. Relatório anual do diretor superintendente geral 1958

São Paulo Light S.A Serviços de eletricidade. Relatório anual do diretor superintendente geral 1959

São Paulo Light S.A Serviços de eletricidade. Relatório anual do diretor superintendente geral 1960.

E) TABELAS:

Tabela II.1 e II.2 de consumo de energia de Minas Gerais e São Paulo: Sistema de Informações Empresariais do Setor Elétrico – SIESE, MME/DNDE – DNAEE – Eletrobrás.

Tabela II.3 dados do IUEE: RevistaÁguas e energia elétrica, ano XIV, Abril e Junho de 1964, n°48 (Fundação Energia e Saneamento).

Tabela III.1 CMBEU: Projetos no Setor de Energia Elétrica por empresa: BASTOS, Pedro Paulo Zaluth. *A Construção do Nacional-Desenvolvimentismo de Getúlio Vargas e a Dinâmica de Interação entre Estado e Mercado nos Setores de Base*, Brasília (DF): Revista Economia, V.7, n.4, p.239–275, dezembro 2006; p. 269.

F) CONTRATOS:

Contrato entre Cemig/Export-Import Bank, República dos Estados Unidos do Brasil. Comarca da Capital, 1956, N° de registro: 90001330. (Acervo Cemig)

SIGLAS

ACMinas – Associação Comercial e Empresarial de Minas
AMFORP – American and Foreign Power Empresa Cliente
BELSA – Bandeirante Eletricidade S.A.
BIRD – Banco Internacional de Reconstrução e Desenvolvimento
BNDE(S) – Banco Nacional de Desenvolvimento Econômico (e Social)
CAEEB – Companhia Auxiliar de Empresas Elétricas Brasileiras
CBE – Companhia Brasileira de Engenharia
CBEE – Companhia Brasileira de Energia Elétrica
CEARD – Cia. de Eletricidade do Alto Rio Doce
CEARG – Companhia de Eletricidade do Alto Rio Grande
CEB – Cia. Brasileira de Engenharia
CEEE – Comissão Estadual de Energia Elétrica
CELUSA – Centrais Elétricas do Urubupungá S.A
CEMEL – Centro da Memória da Eletricidade (Eletrobrás)
CEMIG – Centrais Elétricas de Minas Gerais
CESP – Cia. Energética de São Paulo
CFLMG – Cia. de Força e Luz de Minas Gerais
CHERP – Companhia Hidrelétrica do Rio Pardo
CHESF – Cia. Hidroelétrica do São Francisco
CIBPU – Comissão Interestadual da Bacia Paraná-Uruguai
CMBEU – Comissão Mista Brasil-Estados Unidos para Desenvolvimento Econômico
CME – Coordenação de Mobilização Econômica

CNAE(E) – Conselho Nacional de Águas e Energia (Elétrica)
CNPIC – Conselho Nacional de Política Industrial e Comercial
COMEPA – Companhia Melhoramentos de Paraibuna
CPDOC/FGV – Centro de Pesquisa e Documentação da Fundação Getúlio Vargas
CPE – Comissão do Planejamento Econômico
CPFL – Cia. Paulista de Força e Luz
CPI – Comissão Parlamentar de Inquérito
CSN – Cia. Siderúrgica Nacional
CTEF – Conselho Técnico de Engenharia e Finanças
CVRD – Companhia Vale do Rio Doce
DASP – Departamento Administrativo do Serviço Público
DNAEE – Departamento Nacional de Águas e Energia Elétrica
EEB – Empresas Elétricas Brasileiras
EFEE – Empresa Fluminense de Energia Elétrica
ELETROBRÁS – Centrais Elétricas Brasileiras S/A
EXIMBANK – Banco de Exportação e Importação
FEA – Faculdade de Economia e Administração (USP)
FFE – Fundo Federal de Eletrificação
FIEMG – Federação das Indústrias do Estado de Minas Gerais
FIESP – Federação das Indústrias do Estado de São Paulo
FNM – Fábrica Nacional de Motores
FPH Eletropaulo(FES) – Fundação Energia e Saneamento
G.E – General Electric
IBGE – Instituto Brasileiro de Geografia e Estatística
ISP – Instituto de Serviços Públicos
IUEE – Imposto Único sobre Energia Elétrica
JK – Juscelino Kubitschek
MME – Ministério das Minas e Energia
PAEG – Plano de Ação Econômica do Governo
PCB – Partido Comunista Brasileiro
PNE – Plano Nacional de Eletrificação

PSD – Partido Social Democrático
PTB – Partido Trabalhista Brasileiro
PUC – SP - Pontifícia Universidade Católica de São Paulo
SIESE – Sistema de Informações Empresariais do Setor Elétrico
SPL – São Paulo Light
UDN – União Democrática Nacional
UFMG – Universidade Federal de Minas Gerais
USELPA – Usinas Elétricas do Paranapanema S.A.
USP – Universidade de São Paulo

Referências Bibliográficas

ALMEIDA JÚNIOR, A. M. *O Brasil Republicano. Do Declínio do EstadoNovo ao suicídio de Getúlio Vargas*. Rio de. Janeiro: Bertrand Brasil, Vol. III. 6 ed. 1996.

ALMEIDA, Marcio Wolers de. *Antecedentes da formação da CESP: notas*. São Paulo: Fundação Energia e Saneamento (Anais), V.1, p. 78-81, 1987.

BAER, Werner. *A industrialização e o desenvolvimento econômico do Brasil*. Rio de Janeiro: Editora FGV, 1965.

BANDEIRA, Luiz Alberto Moniz. *Formação do império americano*. Rio de Janeiro: Civilização Brasileira, 2005.

BARBOSA, W. A. *História de Minas*. Belo Horizonte: Comunicação, 1979, 3 vol.

BARBOSA, Wilson do Nascimento. *A História Econômica como Disciplina Independente*. Seminários de Pós-graduação, São Paulo: FFLCH-USP, 1988. *Mimeo.*

BASTOS, Pedro Paulo Zaluth. *A Construção do Nacional-Desenvolvimentismo de Getúlio Vargas e a Dinâmica de Interação entre Estado e Mercado nos Setores de Base*. Brasília (DF): Revista Economia, V.7, n.4, p.239–275, dezembro 2006.

BIELSCHOWSKY, Ricardo. *Pensamento econômico brasileiro 1930-1964: o ciclodo desenvolvimentismo*. Rio de Janeiro: Contraponto, 1996.

BOSCHI, R. R. *Elites Industriais e Democracia*. Rio de Janeiro: Graal, 1979. BRANCO, Catullo. *Energia elétrica e capital estrangeiro no Brasil*. São Paulo: Alfa-Ômega, 1975

BRANCO, Zillah Murgel. *Catullo Branco: um pioneiro*. In: Memória Energia, São Paulo, nº 27.

CABRAL, Ligia M. M.*etalli*. *Panorama do setor de energia elétrica no Brasil*. Rio de Janeiro: Centro da Memória da Eletricidade no Brasil/Eletrobrás,1988.

_____. *John Cotrim: testemunho de um empreendedor*. Rio de Janeiro: Centro da Memória da Eletricidade no Brasil/Eletrobrás, 2000.

_____. (coord.). *Mauro Thibau: a trajetória um ministro*. Rio de Janeiro: Centro da Memória da Eletricidade no Brasil/Eletrobrás, 1997.

CANO, Wilson. *Desequilíbrios regionais e concentração industrial no Brasil 1930-1970*. São Paulo: Unesp, 2007.

CARDOSO, Fernando Henrique. *Empresário industrial e desenvolvimento econômico no Brasil*. São Paulo: Difusão Européia do Livro, 1964.

CASTRO, Antonio Barros de. *A Herança Regional no Desenvolvimento Brasileiro – A Industrialização Descentralizada no Brasil: Ensaios sobre a Economia Brasileira*. Rio de janeiro: Forense Universitária, 1980.

CASTRO, Nivalde. *O setor de energia elétrica no Brasil: a transição da propriedade privada estrangeira para a propriedade pública (1945-1961)*. Instituto de Economia Industrial, Universidade Federal do Rio de Janeiro: Rio de Janeiro, 1985. *Mimeo*.

_____. *O Pacto de clivagem no setor de energia elétrica no Brasil: 1945-1962*. São Paulo: Fundação Energia e Saneamento (Anais), V.1, p. 82-96, 1987.

CHASIN, J. *A miséria brasileira 1964-1994: do golpe militar à crise social*. Santo André: Edições Ad Hominem, 2000.

_____. "Marx - estatuto ontológico e resolução metodológica". In: TEIXEIRA, Francisco J. S. *Pensando com Marx: uma leitura crítico--comentada de* O Capital. São Paulo: Ensaio, 1995.

_____. *O integralismo de Plínio Salgado*. Belo Horizonte/São Paulo: Ad Hominem/Ed. Una, 1999.

CENTRO DA MEMÓRIA DA ELETRICIDADE NO BRASIL, *Lucas Lopes: memórias do desenvolvimento*. Rio de Janeiro: Centro da Memória da Eletricidade/Eletrobrás,1991.

CHASIN, Milney, *O complexo categorial da objetividade nos escritos marxianos de 1843 a 1848*. Dissertação de Mestrado, Belo Horizonte: Fafich-UFMG, 1999. *Mimeo*.

COSTA, F. N. *Bancos em Minas Gerais – 1889/1964*. (Mestrado). Campinas: UNICAMP, 1978.

COTRIM, Lívia. *O ideário de Getúlio Vargas no Estado Novo*. Dissertação de Mestrado, Campinas: IFCH-Unicamp, 1999. *Mimeo*.

CPFL, *Energia e Desenvolvimento: 70 anos da Companhia Paulista de Força e Luz*. Campinas, CPFL, 1982.

DELGADO, Ignacio Godinho. *A Estratégia de um Revés*. Juiz de Fora: EDUFJF, 1997.

DIAS, Renato Feliciano, (coord.), *Notas sobre racionamento de energia elétrica no Brasil (1940-80)*. Rio de Janeiro, Centro da Memória da Eletricidade no Brasil/Eletrobrás, 1995, pp. 105-113.

_____. (coord.) *A Eletrobrás e a história do setor de energia elétrica no Brasil: ciclo de palestras*. Rio de Janeiro: Centro da Memória da Eletricidade no Brasil, 1995.

DINIZ, Clélio C. "A industrialização mineira após 1930". In: SZMRECSÁNYI, Tamás, SUZIGAN, Wilson (orgs.). *História econômica do Brasil contemporâneo*. São Paulo: Edusp/Imprensa Oficial/Hucitec, 2002.

DINIZ, E & BOSCHI, R. R. *Empresariado Nacional e Estado no Brasil*. Rio de Janeiro: Forense Universitária, 1978.

DINIZ, E. *Empresariado, Estado e Capitalismo no Brasil* – 1930/1945. Rio de Janeiro: Paz & Terra, 1978.

DOSSE, François. *A História em migalhas. Dos Annales à Nova História.* São Paulo/Campinas: Ensaio/UNICAMP, 1992.

DREIFFUS, R. A. *1964, A conquista do Estado – Ação política, poder e golpe de classe.* Petrópolis: Vozes, 1981

DULCI, Otavio Soares. *Política e recuperação econômica em Minas Gerais.* Belo Horizante: Editora UFMG, 1999.

FERNANDES, Florestan. *A revolução burguesa no Brasil.* São Paulo: Editora Globo, 2006.

FERRAZ, Vera Maria de Barros. KUHL, Julio Cesar Assis. DINIZ, Renato de Oliveira. *CESP: Pioneirismo e excelência técnica.* São Paulo: FPHESP, 2002.

FIALHO, A. Veiga (org.). *Compra da Light: o que todo brasileiro deve saber.* São Paulo, Civilização Brasileira, 1979

FONTANA, J. *História: análise do passado e projeto social.* Bauru: EDUSC, 1998.

GORENDER, J. *A Burguesia Brasileira.* São Paulo: Brasiliense, 1982.

GUIMARÃES, Deocleciano Torrieri. *Dicionário técnico jurídico.* 3. ed. São Paulo: Rideel, 2001.

IANNONE, Roberto A. *Evolução do setor elétrico paulista.* São Paulo: USP, 2006.

LEITE, Antonio Dias. *A energia do Brasil.* Rio de Janeiro: Nova Fronteira, 1997.

LÊNIN, Vladimir Ilie. *O Imperialismo, Fase Superior do capitalismo.* Brasília, Nova Palavra, 2007

LIMA, Cândido Hollanda de. *Evolução da Centrais Elétricas de Minas Gerais e sua influência na indústria metalúrgica.* Belo Horizonte: Ed. Cemig, 1960.

LIMA, J. H. *Café e Indústria em Minas Gerais – 1870/1920.* Petrópolis: Vozes, 1981.

LIMA, Medeiros (org.). *Petróleo, energia elétrica e siderurgia: a luta pela emancipação – um depoimento de Jesus Soares Pereira sobre a política de Getúlio Vargas*. Rio de Janeiro, Paz e Terra, 1975

MAGALHÃES, Gildo. *Força e Luz: eletricidade e modernização na República Velha*. São Paulo, UNESP/FAPESP, 2000.

MARANHÃO, Ricardo. *Estado e capital privado na eletrificação de São Paulo*, in: SZMRECSÁNYI, Tamás. e MARANHÃO, Ricardo. (orgs.). São Paulo: ABPHE, EDUSP, Imprensa Oficial, 2002.

_____. *McCrimmon o jeitinho brasileiro na direção da Light*. Memória, São Paulo, Eletropaulo, 2 (5): 35-8, out./nov./dez. 1989

_____. *O poder da canadense*. In: Memória, São Paulo, DPH Eletropaulo, v. 2, n. 2, 1989.

MARINI, Ruy Mauro. *Dialética da dependência*. Petrópolis/Buenos Aires: Vozes/Clacso, 2002.

MARTINS, Carlos Estevam. *Capitalismo de Estado e modelo Político no Brasil*. São Paulo: Graal, 1977.

MARTINS, L. *Industrialização, burguesia nacional e desenvolvimento*. Rio de Janeiro: Saga, 1968.

MÉSZARÓS, István. *O poder da ideologia*: São Paulo, Ensaio, 1996.

MORAES, José Geraldo Vinci de & REGO, José Marcio. *Conversas com Historiadores Brasileiros*. São Paulo: Editora 34, 2002.

OLIVEIRA, Francisco de. *A economia da dependência imperfeita*. Rio de Janeiro: Graal, 1980.

OLIVEIRA, Franklin de. *A tragédia da renovação brasileira*. Rio de Janeiro: Civilização Brasileira, 1971.

PAULA, Ricardo Zimbrão Affonso de. *Percalços da Industrialização: o caso de Minas Gerais*. Dissertação de Mestrado, Campinas: Instituto de Economia-Unicamp, 2001. *Mimeo*.

PEREIRA, José Carlos. *Estrutura e expansão da indústria em São Paulo*. São Paulo: Companhia Editora Nacional, 1967.

_____. *Formação Industrial do Brasil e outros estudos*. São Paulo: Editora Hucitec, 1984.

PRADO JUNIOR, Caio. *A Revolução Brasileira*. São Paulo: Brasiliense, 1966.

RACHE, Othos de Lemos. *Contribuição ao Estudo da Economia Mineira*. Rio de Janeiro: Livraria José Olympio, 1957.

RAGO, Maria Aparecida de Paula. *Jose Ermírio de Moraes: A trajetória de um empresário nacional*. Rio de Janeiro: Paz e Terra, 2008.

SAES, Flavio. *Café, Industria e eletricidade em São Paulo*. Caderno História & Energia: a chegada da *Light*, São Paulo: ELETROPAULO, n. 1, 1986, p. 28.

SILVA, Marcelo Squinca da. *Energia Elétrica: estatização e desenvolvimento, 1956-1967*. São Paulo: Alameda Editorial, 2011.

SIMONSEN, R. *Evolução industrial do Brasil e outros estudos*. São Paulo: Companhia Editora Nacional, 1973.

_____. *História Econômica do Brasil*. São Paulo: Companhia Editora Nacioal, 1978.

SINGER, Paul. *Desenvolvimento econômico e evolução urbana*. São Paulo: Nacional, 1968.

SODRÉ, Nelson W. *História da burguesia brasileira*. Rio de Janeiro: Civilização Brasileira, 1967.

SOUZA, Luiz Eduardo Simões de & PIRES, Marcos Cordeiro. "A herança colonial" In: Marcos Cordeiro PIRES (Org.). *Economia brasileira: da Colônia ao Governo Lula*. São Paulo: Saraiva, 2010.

SUZIGAM, Wilson. *Indústria brasileira: origem e desenvolvimento*. São Paulo, Brasiliense, 1986.

SWEEZY, Paul. *Teoria do desenvolvimento capitalista*. Rio de Janeiro, Zahar, 1985.

VARGAS, Getúlio. *A nova política do Brasil*. Rio de Janeiro: Livraria José Olympio, 5v. 1938.

_____. *O governo trabalhista do Brasil* (1951-1953,1953-54). Rio de Janeiro: Ed. José Olympio, 1969, 4 vols.

VARGAS, Milton. "Construção de Hidroelétricas". *In*: MOTOYAMA, Shozo (org.). *Tecnologia e industrialização no Brasil: uma perspectiva histórica*. São Paulo, Ed. Unesp/CEETEPS, 1994.

WIRTH, J. *O Fiel da Balança*. Rio de Janeiro: Paz & Terra, 1982.

_____. "Minas e Nação, Um Estudo de Poder e Dependência Regional: 1889-1937". In: FAUSTO, Boris, História Geral da Civilização Brasileira. São Paulo: DIFEL, 1975, Tomo III, Vol. 1.

Alameda nas redes sociais:

Site: www.alamedaeditorial.com.br
Facebook.com/alamedaeditorial/
Twitter.com/editoraalameda
Instagram.com/editora_alameda/

Esta obra foi impressa em São Paulo no verão de 2018. No texto foi utilizada a fonte Minion Pro em corpo 10,5 e entrelinha de 15 pontos.